A BEAUTIFUL
MIND

뷰티풀 마인드 | A Beautiful Mind

2007년 3월 9일 초판 1쇄

번역 · 해설 | 이상숙
펴낸이 | 조치영
마케팅 | 이준승, 권창현
디자인 | 윤정미
경영지원 | 마하선
인 쇄 | 삼성인쇄소
펴낸곳 | 스크린영어사

서울특별시 관악구 신림 9동 1514번지
TEL | (02)887-8416
FAX | (02)887-8591
http://www.screenplay.co.kr

등록일자 | 1997년 7월 9일
등록번호 | 제16 -1495

책값 18,000원
ISBN 978-89-87915-76-0

- 낙장, 파본은 교환해 드립니다.

A BEAUTIFUL MIND: The Shooting Script

A BEAUTIFUL
MIND

스크린영어사
Screen English Publishing co.

'뷰티풀 마인드'를 시작하며

'뷰티풀 마인드(A Beautiful Mind)'는 제 74회 아카데미 작품상, 감독상(론 하워드), 여우조연상(제니퍼 코넬리), 각색상(아키바 골드만) 등 4개 부문을 석권한 영화이다. '뷰티풀 마인드'는 저널리스트 실비아 네이사(Sylvia Nasar)의 존 포브스 내쉬 주니어(John Forbes Nash Jr.)에 관한 책을 영화화한 전기 작품이다.

'뷰티풀 마인드'의 주인공 존 내쉬는, 1949년에 불과 27쪽 짜리 '균형이론'에 관한 논문으로 150년 동안 지속되어 온 경제학 이론을 뒤집고 신경제학의 새로운 패러다임을 제시한다. 당시 21살이던 존 내쉬는 기존 게임이론에 대한 새로운 분석으로 제2의 아인슈타인이라 불린다. 아주 젊은 나이인 20대에 업적을 남기고 명성을 날렸지만, 그 후 MIT에서 교수 생활을 하면서 반평생을 정신분열증으로 장기간 정신병원에 입원했으며 평생 환영에 시달린 환자가 된다. 그렇지만 1990년 그의 나이 60세가 넘어 기적적으로 재기해 노벨 경제학상까지 받게 된다. 존 내쉬는 현재 연로한 나이에도 불구하고 수학 연구를 계속하고 있다. 존 내쉬가 주목받는 이유는 그가 천재이기 때문이 아니라, 천재의 고통과 위기를 넘어 약 50년 동안의 정신분열증을 이겨내고 정상적 생활로 돌아와서 1994년 노벨상을 수상하며 사회에 공헌하고 인정받는 수학자가 되었기 때문이다. 실제로 그는, 개인의 인생 스토리에 그친 영화보다 더 극적인 삶을 살았다.

영화는 그의 삶 속에 살아있는 가슴 벅찬 감동과 고뇌를 잘 그려내고 있다. 천재성으로 점점 황폐해져 가는 존 내쉬의 정신적·육체적 방황과 투병, 그리고 30여 년간 고통을 받는 존 내쉬의 곁을 지키면서 남편의 회생을 위해 헌신하는 아내 앨리샤의 사랑과 감동의 스토리가 잘 묘사되어 있다. 그래서 인지 영화 제목인 뷰티풀 마인드는 존 내쉬의 아내를 가리키는 것 같다. 또한 내쉬와 앨리샤의 로맨스가 낭만적으로 잘 부각되어 있고, 존 내쉬의 병세가 심해질수록 영화의 분위기가 사이코 스릴러로 변하며 흥미를 더해주고 있다.

각본을 맡은 아키바 골드만과 감독 론 하워드는 전기소설에 가까운 원작을 전혀 새로운 시각으로 해석하여 휴먼 드라마에서 찾기 힘든 미스터리적 구성으로 존 내쉬의 삶을 재구성하였다. 특히 영화 속에서의 예상치 못한 반전과 심리극에 버금가는 치밀한 심리묘사는 영화의 긴장감과 감동을 극대화시키고 있다. 존 내쉬의 역을 맡은 러셀은 20대부터 70대 노인까지의 긴 세월을 자연스럽게 소화하여 존 내쉬의 내성적인 성격과 천재성을 잘 부각하고 있고, 존 내쉬의 아내 역할을 맡은 제니퍼 코넬리도 남편과 아내의 심리관계와 헌신적인 사랑을 잘 나타내고 있다.

영화를 활용한 영어교재는 청각적인 면과 시각적인 면을 모두 충족시켜 주기 때문에 영어 학습의 흥미와 동기 유발에 아주 좋다. '뷰티풀 마인드'는 일상 상황 속에서 사용하는 언어를 통합적으로 학습할 수 있고, 또한 매우 감동적인 영화로 영어 학습을 위해 여러 번 반복하여 보아도, 내용 구성의 치밀함과 능숙한 연기로 흥미와 감동을 느낄 수 있다.

끝으로 항상 좋은 영화 교재를 만들고자 노력하시는 스크린영어사 조치영 사장님께 감사드린다.

Contents

영어 난이도

The Degree of Difficulty ★★★★☆

속도 (Speed)	★★★☆
표현 (Expression)	★★★★☆
어휘 (Vocabulary)	★★★★☆

콜론(:)의 용법

한국어에는 거의 없는 용법이지만 영어에서는 많이 사용되는 아주 중요한 용법이니 잘 알아두자.

1. 콜론 앞은 붙이고(한 칸 띄우면 안 됨) 콜론 뒤는 반드시 한 칸 띄워야 한다.
2. 보통 3개 이상을 나열할(list) 때 콜론을 사용한다.
3. 콜론 앞의 문장이 완벽한 문장(complete sentence)이어야 한다.

    (1) 콜론 앞이 명사로 끝나거나

    (2) 콜론 앞이 the following 또는 as follows로 끝나야 한다.

4. 나열되는 명사들은 콤마(,) 또는 세미콜론(;)으로 구분해준다.

    예: I have three favorite actors: Paul Newman, Woody Allen, and Harrison Ford.

     We took the following: a tent; two sleeping bags; and a lantern.

• 일러두기

  본 책에서는 등장인물과 대사의 확실한 구분과 효과적인 내용 전달을 위해
  등장인물 다음에 공간을 띄우고 콜론을 사용하였다.

Chapter 1

Mathematicians

수학자

Mathematicians

Title: PRINCETON UNIVERSITY SEPTEMBER 1947

1. INT. FACULTY LOUNGE. PRINCETON UNIVERSITY. AFTERNOON
Immense. Oak panels. A silver-haired professor, John Helinger, stands
on a podium, delivering the matriculation speech.

HELINGER   : Mathematicians won the war, mathematicians broke
the Japanese codes, and built the A-bomb.

Full back over the crowd of students peering up at him.

HELINGER   : Mathematicians like you. The stated goal of the Soviets
is global communism. In medicine or economics, in
technology or space, battle lines are being drawn. To
triumph we need results, publishable, applicable
results.

NASH—CLOSE. Where he sits alone across the room.

자막: 1947년 9월 프린스턴대학교

1. 내부. 교직원실. 프린스턴대학교. 오후
멋진 방. 오크 나무 벽판. 은발의 머리를 한 교수인 존 헬링거 교수가 교단에 서서 입학 연설을 하고 있다.

헬링거 : 2차 세계대전을 승리로 만든 건 수학자들입니다. 일본군의 암호를 해독했으며, 원자폭탄도 만들었습니다.

카메라는 그를 바라보고 있는 많은 학생들에게 초점을 맞춘다.

헬링거 : 여러분과 같은 수학자들이었지요. 소련의 소위 목적은 전세계의 공산화입니다. 의학이나 경제학 분야에서, 공학이나 우주공학 분야에서 그들은 전선을 펼치고 있습니다. 우리가 이기기 위해서는 공표할 수 있고 응용될 수 있는 결과가 필요합니다.

내쉬에게 크로즈 업. 그는 방 저쪽에 혼자 앉아 있다.

■immense
　〈구어〉 멋진, 막대한.

■podium
　(오케스트라의) 지휘대, 연단, 연설대.

■matriculation
　대학 입학 허가, 입학(식).

HELINGER   : Now who among you will be the next Morse? The next Einstein?

HANSEN—CLOSE. Where he stands in the crowd. Hansen and Nash look at each other.

HELINGER   : Who among you will be the vanguard of democracy, freedom, and discovery?

Helinger stares out at the sea of faces, his eyes burning.

HELINGER   : Today, we bequeath America's future into your able hands. Welcome to Princeton, gentlemen.

2.EXT. PRESIDENT'S RECEPTION. PRINCETON UNIVERSITY
Students in formal dress mill. An uncommonly handsome man stands at the bar, gazing at the glass geometry. This is John Nash. Nash glances down. The light refracting through his stained glass draws shifting angles of rainbow on the bar before him.

NEILSON   : It's not enough Hansen won the Carnegie scholarship.

Two more students approach the bar. Bender is wiry, like a scarecrow made of skin. Neilson is older, sporting the world's worst tie. Nash spots the subject of their musings.

BENDER   : No, he has to have it all for himself. It's the first time the Carnegie prize has been split. Hansen's all bent.

헬링거 : 이제 여러분 중 누가 제2의 모스가 되겠습니까? 여러분 중 누가 제2의 아인슈타인이 되겠습니까?

한센에게 크로즈 업. 사람들 사이에 서 있다. 한센과 내쉬는 서로를 바라본다.

헬링거 : 여러분 중에 누가 민주주의와 자유와 발견의 선봉에 서겠습니까?

헬링거가 무수한 얼굴들을 응시하는데 그의 눈이 불타고 있다.

헬링거 : 오늘 미국의 미래는 여러분이 해낼 수 있는 노력에 달려 있습니다. 여러분의 프린스턴대학교 입학을 환영합니다.

2. 외부. 총장 리셉션. 프린스턴대학교
격식을 차린 옷차림의 학생들이 이리저리 몰려다닌다. 드물게 잘생긴 한 남자가 바에 서서 유리의 기하학적 배열을 응시하고 있다. 이 사람이 존 내쉬이다. 내쉬는 아래쪽을 바라본다. 착색유리를 통해 굴절되는 빛이 앞에 있는 바 위에 무지개의 변화하는 각을 그려낸다.

닐 슨 : 한센은 카네기 장학금을 타고도 불만이야.

두 명의 학생이 바에 다가온다. 벤더는 가죽으로 만든 허수아비처럼 억세다. 닐슨은 더 나이가 들었는데 세상에서 가장 형편없는 넥타이를 뽐내고 있다. 내쉬는 그들이 생각하고 있는 주제를 알아챈다.

벤 더 : 아니, 한센은 장학금을 전부 혼자서 가져야 한다고 생각해. 카네기 장학금을 (두 명에게) 나누어 주기는 처음이야. 한센이 꽤 열받았어.

- **vanguard**
  선봉, 선두, 선구자.

- **bequeath**
  유증하다, 남기다, 전하다.
  ex) Her father bequeathed her a fortune.
  그녀의 아버지는 그녀에게 많은 재산을 유산으로 남겼다.

- **mill**
  몰려다니다.

- **wiry**
  억센, 깐깐한.

- **split**
  쪼개다, 나누다, 찢다.

Hansen's all bent.
한센이 꽤 열받았어.
'bent'는 형용사일 때, '굽은, 열중한, 머리가 돈, 격노한'의 의미로 사용되는데 이 문장에서는 '격노한'의 의미로 사용되었다.

Hansen's all bent.
한센이 꽤 열받았어.

Hansen and Bender approach the punch bowl. Nash's gaze drifts back to the stained glass. The lines on the glass emerge, a geometric formation floating in mid air. Nash's gaze carries the floating geometry across the crowd to find the rainbow on the bar top. New lines rise, join the pattern.

NEILSON   : Rumor is he's got his sights set on Wheeler Lab, the new military think tank at M.I.T.

BENDER   : They're only taking one this year.

NEILSON   : Hansen's used to being picked first.

The new complex pattern rises, rotates slightly and is sucked into the fractured pattern on Neilson's tie. A perfect match.

BENDER   : Oh, yeah, he's wasted on math. He should be running for president.

NASH   : (smiling) There could be a mathematical explanation for how bad your tie is.

NEILSON   : (laughs) Thank you. Neilson, symbol cryptography.

BENDER   : Neils here broke a Jap code. Helped rid the world of fascism. At least that's what he tells the girls, eh, Neils? The name's Bender, atomic physics. And you are?

Just then a third fellow runs up, breathless. Richard Sol.

SOL   : Am I late?

Neilson and Bender look at him. Sol is always late.

한센과 벤더가 펀치용 사발에 접근한다. 내쉬의 시선이 착색 유리잔으로 다시 표류한다. 유리 위에 선이 나타나면서 기하학적인 형태가 허공을 떠돈다. 내쉬의 시선은 사람들을 지나 떠다니는 기하학적 배열을 날라서 바 꼭대기에서 무지개를 발견한다. 새로운 선이 나타나서 그 패턴에 합세한다.

닐 슨 : 소문에 의하면 한센의 목표는 윌러연구소인데, 그게 MIT의 새로운 군사 두뇌 집단이래.

벤 더 : 올해에 한 명만 뽑을 거래.

닐 슨 : 한센은 1등으로 뽑히는데 익숙해 있지.

새로운 복잡한 패턴이 생겨 약간 회전하더니 닐슨 넥타이의 부서지는 패턴에 흡수된다. 완벽하게 어울린다.

벤 더 : 그래, 그가 수학에 썩다니. 대통령에 출마해야 지.

내 쉬 : (웃으며) 자네 넥타이가 형편없다는 것을 수학적으로 설명할 수 있을 텐데.

닐 슨 : (웃는다.) 고맙군. 난 닐슨이야. 기호 암호학을 전공해.

벤 더 : 닐스는 일본 암호를 해독했어. 파시즘을 막는데 도움을 줬어. 적어도 그게 여자 꼬실 때 꼭 하는 말이지, 그렇지, 닐스? 난 원자물리학을 전공하는 벤더야. 너는?

바로 그때 제3의 인물이 숨이 차서 달려온다. 리처드 솔이다.

솔 : 내가 늦었어?

닐슨과 벤더가 그를 쳐다본다. 솔은 항상 늦는 사람이다.

■ think tank
두뇌 집단.
우수한 전문가의 집단을 가리키기 때문에 (종합)연구소의 의미로 사용되고 있다.

■ fractured
부서지는, 폭소케 하는.

■ run for
~에 입후보하다.

■ cryptography
암호 작성〔해독〕법.

■ Jap
Japanese의 줄인 말.

Helped rid the world of fascism.
이 세계에서 파시즘을 없애는데 도움을 줬다.
= He helped to rid the world of fascism.
• rid A of B
A에게서 B를 없애다, 제거하다, 자유롭게 하다.
• help 다음에는 동사원형이 올 수도 있다.

Helped rid the world of fascism.

이 세계에서 파시즘을 없애는데 도움을 줬다.

BENDER   : Uh.... Yes, Mr. Sol.

SOL   : Oh. Good. (to Nash) Uh, hi. Sol, Richard Sol.

Hansen separates from the crowd to join his friends. A dapper student with fiercely intelligent eyes is pumping hands. Martin Hansen.

NEILSON   : The burden of genius.

BENDER   : There, he is.

Hansen's eyes light on Nash. The beat of recognition is so slight it's almost imperceptible. He smiles, raises his glass.

HANSEN   : So many supplicants and so little time, Mr. Sol.

SOL   : How are you, sir?

HANSEN   : Ah, Bender.

BENDER   : Nice to see you. Congratulations, Mr. Hansen.

HANSEN   : Ah, thank you. (to Nash) I'll take another.

NASH   : Excuse me?

HANSEN   : A thousand pardons. I simply assumed you were the waiter.

SOL   : Play nice, Hansen.

NEILSON   : Nice is not Hansen's strong suit.

HANSEN   : Honest mistake.

Nash's outfit, though stylishly formal, does look a bit dusty compared to Hansen's elegant Bohemia. A beat. Then Nash smiles.

벤 더   : 그래, 솔.

솔   : 그래. (내쉬에게) 안녕. 솔, 리처드 솔이야.

한센이 군중들로부터 떨어져 나와 친구들에게 합세한다. 매섭게 지적인 눈을 가진 말쑥한 학생이 손을 위아래로 흔든다. 마틴 한센이다.

닐 슨   : 고민하는 천재.

벤 더   : 저기 오네.

한센의 눈이 내쉬에게 쏠린다. 인정하는 순간이 너무 미미해서 거의 알아차릴 수 없을 정도이다. 그는 미소를 지으며 잔을 든다.

한 센   : 솔, 간청하는 사람은 많고 시간은 없고.

솔   : 안녕하쇼?

한 센   : 아, 벤더.

벤 더   : 반갑다. 축하해, 한센.

한 센   : 고마워. (내쉬에게) 한 잔 더.

내 쉬   : 뭐라고?

한 센   : 정말 미안해. 무심코 웨이터인 줄 알았어.

솔   : 한센, 말이 심했어.

닐 슨   : 그게 한센의 주특기잖아.

한 센   : 정말 실수했어.

내쉬의 복장은 비록 유행적으로는 격식을 차린 옷차림이지만 한센의 우아한 자유분방함에 비교해서는 약간 생기가 없어 보인다. 잠시. 내쉬가 미소를 짓는다.

- **dapper**
  말쑥한, 날씬한.

- **supplicant**
  탄원자, 애원자.

- **Play nice.**
  말이 심했어(말 조심해).
  여기서 'play'는 '행동하다'를 의미한다.

- **strong suit**
  장점, 장기.
  = long suit

- **Bohemia**
  보히미아, 자유분방한 사람들이 사는 지역, 자유분방한 사회.

I'll take another.
한 잔 더 할게.
'another'는 다른 하나를 의미한다. 상황에 따라서 'another'가 물건이나 사람이 될 수도 있다.

I'll take another.

한 잔 더 할게.

NASH   : Well, Martin Hansen. It is Martin, isn't it?

HANSEN   : Why? Yes, John, it is.

NASH   : I imagine you're getting quite used to miscalculation. I've read your pre-prints, both of them. The one on Nazi ciphers and the other one on nonlinear equations, and I am supremely confident that there is not a single seminal or innovative idea in either one of them. Enjoy your punch.

With that, Nash offers a slight nod, walks off. The rest giggles together.

HANSEN   : Gentlemen, meet John Nash, the mysterious West Virginia genius. The other winner of the distinguished Carnegie scholarship.

As he goes, he stares back.

BENDER   : Ah, okay. Of course.

3. EXT. BLAIR STEPS. PRINCETON UNIVERSITY. SUNSET
A motet plays. Nash ascends steps to the commons. His shadow seems to lag behind, out of step. Tall building loom.

4. INT. DORM ROOM. PRINCETON UNIVERSITY. SUNSET
Nash drags his desk across the room and positions it by the window. Indistinct chattering outside. He stares out at the sun-drenched field. Bravado gone. Alone. The door swings open behind him. Unruly hair and a tuxedo that looks slept in whirl into the room. Meet Charles Herman, bags in hand.

CHARLES   : Oh, Christ. The prodigal roommate arrives.

내 쉬 : 마틴 한센. 마틴, 맞지?

한 센 : 왜? 맞아, 존, 그래.

내 쉬 : 너는 계산 착오에 아주 익숙한 것 같아. 자네 논문 원고를 읽어 봤는데. 두 개 모두. 하나는 나치 암호에 관한 것이고, 다른 하나는 비신형 방정식에 관한 것인데. 두 개 다 어디에도 생산적이거나 혁신적인 풍부한 아이디어가 없다고 아주 확신해. 펀치 잘 마시게.

그 말과 함께, 내쉬는 약간 고개를 끄덕이고는 자리를 뜬다. 나머지 학생들은 낄낄 웃는다.

한 센 : 여보게들, 저 친구가 존 내쉬야. 신비로운 웨스트 버지니아의 천재. 명예로운 카네기 장학금을 나눠 가진 녀석이지.

내쉬가 가면서 뒤를 응시한다.

벤 더 : 어, 그래. 어련하겠어.

3. 외부. 블레어 층계. 프린스턴대학교. 해질녘
무반주 다성 성가곡이 연주된다. 내쉬는 공용구역으로 가는 층계를 올라간다. 그의 그림자가 걸음에 맞춰 뒤에 길게 늘어진다. 높은 건물이 나타난다.

4. 내부. 기숙사. 프린스턴대학교. 해질녘
내쉬가 방에 있는 책상을 끌어서 창문 곁에 갖다놓는다. 분명치 않게 떠드는 소리가 밖에서 들린다. 그는 햇빛에 물든 뜰을 바라본다. 허세는 사라지고 혼자다. 그의 뒤쪽에서 문이 홱 열리면서 소용돌이 속에서 잠을 잔 듯한 흐트러진 머리와 턱시도 차림의 찰스 허만이 들어온다. 그는 손에 여행 가방을 들고 있다.

찰 스 : 오, 이런. 풍운아 룸메이트가 왔도다.

- **get used to**
  ~에 익숙하다.

- **pre-print**
  (책·잡지의) 견본 인쇄본.

- **seminal**
  발전성이 있는, 생산적인.

- **innovative**
  혁신적인.

- **distinguished**
  눈에 띄는, 출중한, 유명한.

- **motet**
  무반주 다성 성가곡.

- **prodigal**
  방탕한, 낭비하는, 쓸데없이 쓰는.

Gentlemen, meet John Nash.
여보게들, 존 내쉬가 오네.
'meet'는 '마중하다, …의 도착을 기다리다, (처음으로) 상면하다'의 뜻으로 같이 있는 사람들이 모르는 사람이 왔을 때 일행에게 소개하는 표현이다.

Gentlemen, meet John Nash.
여보게들, 존 내쉬가 오네.

He turns down the motet, begins stripping as he speaks. Nash stares in confusion as he comes off his jacket and bow-tie.

NASH   : Roommate?

CHARLES   : Oh, God, no. Ugh. Did you know that having a hangover is... is not having enough water in your body to run your Krebs cycle?

Charles sits on the couch and takes off both shoes.

CHARLES   : Which is exactly what happens to you when you are dying of thirst.

Now finally his shirt, which he throws on the couch.

CHARLES   : So, dying of thirst would probably feel pretty much like the hangover that finally bloody kills you.

He grabs a towel and heads for Nash.

CHARLES   : John Nash?

NASH   : Hello.

NASH—CLOSE. Speechless. Nash and Charles shake their hands.

CHARLES   : Charles Herman. Pleased to meet you.

그는 성가곡을 끄고는 말을 하면서 옷을 벗기 시작한다. 내쉬는 그가 상의와 나비 넥타이를 벗자 혼란스러워 쳐다본다.

내 쉬 : 룸메이트?

찰 스 : 세상에. 숙취가 생기는 이유가 네 크레브스 회로를 위한 물이 몸 속에 부족한 탓인 거 알아?

찰스는 소파 위에 앉으며 구두를 벗는다.

찰 스 : 정확하게 뭐냐하면, 목말라 죽을 때 생기는 현상이지.

이제 마지막으로 셔츠를 벗어 소파 위에 던진다.

찰 스 : 그러니까 목말라 죽을 때의 느낌은 아마 숙취와 아주 비슷할 거야. 결국은 목숨을 잃는 거지.

그는 타월을 쥐고 내쉬에게로 향한다.

찰 스 : 존 내쉬?

내 쉬 : 안녕.

내쉬에게 크로즈 업. 말이 없다. 내쉬와 찰스는 악수를 한다.

찰 스 : 난 찰스 허만. 만나서 반가워.

■ hangover
숙취, 여파.

■ Krebs cycle
〈생화학〉크레브스 회로(세포 내 물질대사의 회로).

Pleased to meet you.
만나서 반가워.
= Glad to meet you.
= Nice to meet you.

9

Pleased to meet you.

만나서 반가워.

5. INT. NASH'S DORM ROOM. SUNSET
A touch football game—close outside.

STUDENT : (V.O.) All right, well done.

A hand moves into frame, obscuring the players outside with wax symbols.

CHARLES : (V.O.) Well, it's official. I'm almost human again.

Charles has entered from the hall, hair wet, towel around his neck.

CHARLES : Officer, I saw the driver who hit me. His name was Johnny Walker. Whew.

Nash sits now and continues working as Charles opens the closet door banging around noisely.

CHARLES : Well, I got in last night in time for English Department cocktails. Cock was mine. The tail belonged to a particularly lovely young thing with a passion for D.H. Lawrence.

Nash nods, still doesn't look up from his work.

CHARLES : You're not easily distracted, are you?
NASH : I am here to work.
CHARLES : Hmm. Are you, right? I see. Crikey!

5. 내부. 내쉬의 기숙사 방. 해질녘
밖에서 벌어지는 술래잡기식의 미식축구 경기에 클로즈 업.

학 생 : (목소리) 좋아, 잘 했어.

손 하나가 화면을 움직인다. 왁스 기호로 밖의 선수들을 흐리게 한다.

찰 스 : (목소리) 자, 공식적으로 말하는데. 난 이제야 다시 인간다운 꼴이 됐군.

찰스가 홀에서 들어와 있다. 머리는 젖은 상태이고 목에 타월을 두르고 있다.

찰 스 : 이봐 경찰, 나를 친 운전자를 봤어. 그 놈은 조니 워커였지. 휴~.

찰스가 옷장 문을 열면서 쾅하는 소리를 낼 때 내쉬는 이제 앉아서 계속 일을 한다.

찰 스 : 어젯밤 영문과 칵테일 파티에 알맞게 도착했지. 칵테일은 내가 다 먹었지. 내 짝은 아주 사랑스러운 젊은 여인인데, D.H. 로렌스 광이었어.

내쉬는 고개를 끄덕이지만 자신의 일에서 눈을 돌려 올려다보지도 않는다.

찰 스 : 집중을 아주 잘하는군!
내 쉬 : 난 연구하러 여기 온 사람이야.
찰 스 : 음, 그래? 알았어. 놀랍군!

■ **obscure**
가리다, 덮다, 어둡게 하다.

■ **bang**
문을 탕하고 닫다, 세게 치다, 쾅 부딪치다.
ex) The door banged shut.
　　문이 탕하고 닫혔다.

■ **distract**
(마음, 주의)를 빗나가게 하다, 괴롭히다,
(마음, 정신)을 혼란하게 하다.

I got in last night.
어젯밤에 도착했어.
• get in
도착하다, 타다.
ex) The boat got in on time.
배가 정시에 도착했다.
We got in the bus.
우리는 버스에 탔다.

I got in last night.
어젯밤에 도착했어.

Charles spots a box of cookies on Nash's desk. Nash covers the box before Charles can grab one, never once looking up. That's when Charles actually climbs up on Nash's desk, sitting right in front of him.

CHARLES   : Is my roommate a dick? Hmm?

Charles reaches into his pocket and pulls out something. A silver flask. Waves it Nash's face.

CHARLES   : Listen. If we can't break the ice, how about we drown it?

6. EXT. DORM ROOFTOP. SUNSET
Charles and Nash stand under the crimson sky, passing the flask. Nash drinks first.

CHARLES   : So what's your story? You the poor kid that never got to go to Exeter or Andover?

NASH   : Despite my privileged upbringing, I am actually quite well-balanced. I have a chip on both shoulders.

CHARLES   : Maybe you're just better with the old integers than you are with people.

NASH   : My first-grade teacher, she told me that I was born with two helpings of brain, but only half a helping of heart.

CHARLES   : (chuckles) Wow! She sounds lovely!

Nash laughs. Takes a long swig.

찰스가 내쉬 책상 위에 있는 과자 상자를 발견한다. 찰스가 과자를 집기 전에 내쉬가 상자를 덮는다. 한 번 쳐다보지도 않고 말이다. 바로 그때 찰스는 실제로 내쉬의 책상 위에 올라가 바로 내쉬 앞에 앉는다.

찰 스 : 내 룸메이트는 혼자 잘난 녀석인가? 그래?

찰스는 주머니를 뒤져 뭔가를 꺼낸다. 은제 휴대용 술병이다. 그것을 내 쉬에 얼굴에 흔든다.

찰 스 : 이봐. 친구와 안면 트기가 힘들면, 술마시는 건 어때?

6. 외부. 기숙사 옥상. 해질녘
찰스와 내쉬가 석양에 물든 하늘 아래에 서서 술병을 주고받고 있다. 내 쉬가 먼저 마신다.

찰 스 : 그래, 네 사연은 뭐야? 명문 엑서터나 앤도버 시험에 낙방한 불쌍한 인간인가?
내 쉬 : 난 성장 배경이 좋은데 비해서 사실 건방지진 않지만 좀 무뚝뚝한 편이야.
찰 스 : 자넨 사람들보다는 숫자에만 파묻히는 게 낫겠어.
내 쉬 : 초등학교 1학년 선생님이 난 머리는 뛰어나지 만 감성이 부족하데.
찰 스 : (껄껄 댄다.) 와우! 훌륭한 선생님인 것 같군.

내쉬가 웃는다. 길게 꿀꺽꿀꺽 술을 마신다.

- **spot**
  발견하다, 탐지하다, 위치를 알아내다.
- **dick**
  잘난 체하는 녀석, 〈속어〉 사립 탐정.
- **drown**
  흠뻑 젖게 하다, 탐닉하게 하다, 빠지다.
- **privileged**
  특권〔특전〕을 지닌.
- **upbringing**
  양육, 가정 교육.
- **a chip on both (one's) shoulders**
  불만을 지닌, 원한을 가지고 있는.
- **integer**
  정수(整數).
- **two helpings of brain**
  뇌의 좌반구와 우반구.

We can't break the ice.
터놓는 사이가 될 수 없군.
- **break the ice**
  (딱딱한 분위기를 누그러뜨리기 위해) 좌중에서 처음으로 입을 떼다, 긴장을 풀게 하다.
- **ice**
  냉담한 분위기, 차가운 태도.

이것만은 꼭!

We can't break the ice.
터놓는 사이가 될 수 없군.

NASH   : The truth is that I... I don't like people much. And they don't much like me.

CHARLES   : But why, with all your obvious wit and charm?

Nash smiles and drinks again.

CHARLES   : Seriously, John, mathematics, mathematics is never going to lead you to a higher truth. And you know why? 'Cause it's boring. It's really boring.

Nash stares at him a beat. Then he smiles.

NASH   : You know half these schoolboys are already published? I cannot waste time with these classes and these books.

He rises and looks down at the sun-stained campus. He drinks again. Suddenly he shouts.

NASH   : Memorizing the weaker assumptions of lesser mortals!

Some students look up at him.

NASH   : I need to look through, to the governing dynamics. Find a truly original idea. That's the only way I'll ever distinguish myself. It's the only way that I'll ever....

CHARLES   : Matter.

Nash glances over to Charles, startled.

내 쉬 : 사실은 난 사람을 꺼리는 편이야. 남들도 날 좋
아하지 않아.

찰 스 : 하지만 네겐 위트도 있고 매력도 많잖아?

내쉬는 미소지으며 다시 술을 마신다.

찰 스 : 냉정히 말해서, 존, 수학은 너를 더 높은 진리
로 이끌지는 못할 거야. 왜 그런지 알아? 왜냐
하면 수학은 따분해. 수학은 정말 따분하지.

내쉬가 잠시 그를 바라본다. 그리고는 미소를 짓는다.

내 쉬 : 50%의 학생이 이미 학회지에 글 쓴 것 알아?
난 따분한 수업과 교재에 시간 낭비하기 싫어.

그가 일어나 태양에 물든 교정을 내려다 본다. 그는 다시 술을 마신다.
갑자기 그가 소리를 친다.

내 쉬 : 못난 인간들의 쓸데없는 가설을 외워 대는 것!

몇몇 학생들이 그를 쳐다본다.

내 쉬 : 철저히 연구해서 가버닝 다이내믹스(지배역학)를
알아내야 해. 아주 독창적인 아이디어를 찾아
야 해. 그 길만이 나를 부각시키는 유일한 방법
이야. 그것만이 내가……

찰 스 : 중요하게 되는 길이지.

내쉬는 놀라서 찰스를 건너다 본다.

- **obvious**
  명백한, 눈에 띄는.

- **lesser**
  (little의 이중 비교급) 작은(적은), 못한.

- **mortal**
  인간, 죽음을 면할 수 없는 것, 놈, 녀석.

- **matter**
  (논문·저술의) 내용, 주제, 문제.

> **That's the only way I'll ever distinguish myself.**
> 그게 날 부각시키는 유일한 길이야.
> 'the only way' 다음에는 'that'이 생략
> 되어 있다.
> • distinguish oneself
>   유명해지다, 두드러지다.

That's the only way I'll ever distinguish myself.
그게 나를 부각시키는 유일한 길이야.

NASH   : Yes.

7. EXT. CANNON GREEN. PRINCETON UNIVERSITY. DAY
Students sit over the game boards set on benches. Find one small group of familiar players.

HANSEN   : All right, who's next?

Hansen stands over a *go* board facing Bender, Neilson and several others. Raps the board with his knuckles.

SOL   : No, I've played enough "Go" for one day, thank you.

HANSEN   : Come on.

SOL   : I... I hate this game.

HANSEN   : Cowards, all of you! None of you rise to meet my challenge? Come on, Bender. Whoever wins, Sol does his laundry all semester.

SOL   : Does that seem unfair to anyone else?

BENDER   : Not at all.

Others just shake their heads, grunt no's. Nash walks backwards past them.

BENDER   : Look at him.

NEILSON   : Nash. Taking a reverse constitutional?

NASH   : I'm hoping to extract an algorithm to define their movements.

내 쉬   : 그렇지.

7. 외부. 캐논 그린. 프린스턴대학교. 낮
학생들이 벤치에 바둑판을 놓고 앉아 있다. 낯익은 학생들이 작은 그룹을 이루고 있는 것이 보인다.

한 센   : 좋아, 다음 도전자는 누구야?

한센은 바둑판 위쪽에 서서 벤더, 닐슨 그리고 몇 명의 다른 학생들을 마주한다. 그는 손가락으로 판을 두드린다.

솔   : 그만 해, 오늘은 너무 많이 뒀어, 고마워.
한 센   : 어서 덤벼.
솔   : 난… 난 바둑은 재미없어.
한 센   : 겁쟁이들. 아무도 도전을 안 하겠다고? 도전해,
        벤더. 누가 이기든, 세탁은 학기 내내 솔의 몫
        이야.
솔   : 이걸 불공평하다고 보는 사람이 아무도 없는
        거야?
벤 더   : 없어.

다른 학생들이 그저 고개를 가로 저으면서 아니라고 투덜댄다. 내쉬가 그들을 지나 뒷걸음질을 치고 있다.

벤 더   : 저 친구 좀 봐.
닐 슨   : 내쉬, 꽁무니를 빼는 자세잖아?
내 쉬   : 연산을 적용해서 움직임을 규명하려고 그래.

■ coward
겁쟁이.

■ Not at all.
전혀 아니야.
ex) A: Thanks for coming.
       와주셔서 고마워요.
    B: Not at all; I enjoyed it.
       전혀 아니에요. 재미있었어요.

■ take a constitutional
건강을 위해 산책하다.
• constitutional
보건 운동(산책).

■ algorithm
연산 방식.

Come on.
① (싸움에서) 자 덤벼, 한번 해볼래.
② (상대의 주위를 끌기 위해) 야, 이봐.
③ (상대의 행동을 재촉하여) 빨리빨
   리, 시작해.

Come on.

자 덤벼.

All follow Nash's gaze. A group of pigeons dance back and forth, devouring a pile of bread crumbs.

SOL	: Oh.
BENDER	: (mouthing) Psycho.
SOL	: I thought you dropped out. You ever going to go to class or....
NASH	: Classes will dull your mind... destroy the potential for authentic creativity.
SOL	: Oh, oh, I didn't know that.
HANSEN	: Nash is going to stun us all with his genius. Which is another way of saying he doesn't have the nerve to compete.

Hansen raps the game table with his knuckles.

HANSEN	: You scared?
NASH	: (smiling) Terrified. Mortified. Petrified. Stupefied by you. No starch. Pressed and folded.

8. EXT. CANNON GREEN. PRINCETON UNIVERSITY. MINUTES LATER
Nash faces Hansen across the Go board. The play is incredibly fast. Nash is intense, almost preternaturally aware.

HANSEN	: Let me ask you something, John.
NASH	: Be my guest, Martin.

모두가 내쉬의 시선을 따른다. 한 떼의 비둘기들이 이리저리 춤을 추며 빵 부스러기를 막 쪼아먹고 있다.

솔   : 오.

벤 더   : (입을 실룩거리며) 괴짜군.

솔   : 내쉬, 수강 취소했다며. 강의 들으러 올 거야 아니면…….

내 쉬   : 강의는 사고를 둔하게 만들고… 학생들의 진정 한 창의력의 잠재성을 파괴시켜.

솔   : 오, 그건 몰랐네!

한 센   : 내쉬가 천재가 아니랄까 봐 우기시는군. 그게 게임을 할 자신이 없다는 변명처럼 들리는데.

한센이 손가락으로 판을 두드린다.

한 센   : 자네, 두려운가?

내 쉬   : (웃으면서) 겁에 질리고 기에 눌리고 망연자실하 고 넋을 **빼앗긴** 느낌이야. 내 세탁물 풀 먹일 필요는 없고. 잘 다려서 접어 줘.

8. 외부. 캐논 그린. 프린스턴대학교. 몇 분 뒤
내쉬는 게임판을 놓고 한센과 마주하고 있다. 게임은 아주 빠르게 진행 된다. 내쉬는 집중한다. 거의 불가사의하게 의식하고 있다.

한 센   : 존, 하나 물어보자.

내 쉬   : 뭐든 물어봐, 마틴.

■back and forth
    왔다갔다, 앞뒤로.

■drop out
    낙제하다, 빠지다, 낙오되다.

■nerve
    배짱, 용기.

■mortify
    굴욕감을 느끼다, 억제하다, 극복하다.

■petrify
    깜짝 놀라다, 돌처럼 몸이 굳다, 생기를 잃다.

■stupefy
    망연케 하다, 넋을 잃다, 지각을 잃다.

Be my guest.
어서 하십시오(드십시오, 쓰십시오).
편안하게 하고 싶은 대로 하세요.

Be my guest.

어서 하십시오.

HANSEN : Bender and Sol here correctly completed Allen's proof of Peyrot's Conjecture.

NASH : Adequate work... without innovation.

SOL : Oh. I'm flattered. You flattered?

BENDER : Flattered.

HANSEN : And I've got two weapons briefs under security review by the DOD.

NASH : Derivative drivel.

HANSEN : But Nash achievements: zero.

NASH : I'm a patient man, Martin. Is there an actual question coming?

HANSEN : What if you never come up with your original idea? Huh? How will it feel when I'm chosen for Wheeler and you're not? What if you lose?

Hansen makes a deft move.

BENDER : Ah, there it is. There it is.

Nash sits there, stunned. Hansen smiles proudly.

NASH : You should not have won. I had the first move. My... my play was perfect.

HANSEN : The hubris of the defeated.

NASH : The game is flawed.

한 센 : 벤더와 솔은 앨런의 페이로트의 해독이론을 증명했어.

내 쉬 : 노력은 가상하지만 혁신적이질 못해.

솔 : 기분 좋은데, 너도 기분 좋아?

벤 더 : 나도 좋아.

한 센 : 국방부가 내 무기 보고서 두 건을 보안 검토하고 있어.

내 쉬 : 독창성 없는 허튼 소리야.

한 센 : 하지만 내쉬는 이룬 게 뭐야. 아무것도 없잖아.

내 쉬 : 난 참을성이 있어, 마틴. 뭘 묻고 싶은 건데?

한 센 : 만일 네가 독창적인 아이디어를 못 내어놓으면 어쩌지? 윌러연구소에 나는 뽑히고 넌 물먹으면 어떤 기분일까? 이 판에서 네가 지면 어쩌지?

한센이 일격을 가하는 수를 놓는다.

벤 더 : 아, 그거군. 그거야.

내쉬가 깜짝 놀라 그냥 앉아 있다. 한센이 거만하게 미소를 짓는다.

내 쉬 : 네가 이기지 못할 판이었어. 내가 선수를 쥐고 있었어. 내 수는 완벽했어.

한 센 : 패자의 오만이지.

내 쉬 : 이 판은 무효야.

- **conjecture**
  추측, 억측, 판독.
- **DOD**
  미 국방부.
  = Department of Defense
- **derivative**
  독창적이 아닌, 모방한, 끌어낸.
- **drivel**
  허튼 소리, 흐르는 침이나 콧물.
- **come up with**
  의견이나 아이디어를 내놓다, 생각해 내다.
- **deft**
  일격의, 능숙한, 솜씨가 좋은.
- **move**
  (체스, 바둑 등의) 말을 움직이기, 수, (유리한) 마지막 수.
- **hubris**
  오만, 지나친 자신.
- **the defeated**
  패자(敗者).
- **flaw**
  흠집을 내다, 무효로 하다.
  ex) The scar flawed her beauty.
  그 상처는 그녀의 아름다움에 흠집을 냈다.

There it is.
  그거군.
  • there
  〈감탄사적〉 (관심을 끌기 위해) 자, 이봐.
  ex) There you are.
  아니 거기 있었니; 자 여기 있어요; 이것을 드리지요.

There it is.

그거군.

Nash stands, frustrated, inadvertently spilling the board. He walks off flustered. Hansen smiles, shakes his head.

HANSEN   : Gentlemen, the great John Nash.

All laugh.

내쉬가 좌절감을 느끼면서 일어나 경솔하게 바둑판을 엎는다. 그는 어리
둥절한 채 자리를 뜬다. 한센은 웃으며 고개를 가로 젓는다.

한 센　　: 여러분, 위대한 존 내쉬입니다.

모두가 웃는다.

■ spill
　(가루)를 엎지르다, 내던지다, 팽개치다.

■ flustered
　당황한, 혼란스러운.

Mathematicians

수학자

1940년대 최고의 엘리트들이 모이는 프린스턴 대학원에 주인공 존 내쉬는 시험도 보지 않고 장학생으로 입학한다. 웨스트버지니아 출신의 천재인 신입생 존 내쉬가 동료들 사이에 화제가 되어 캠퍼스를 술렁이게 만든다. 존 내쉬는 뛰어난 두뇌와 수려한 용모를 지녔지만, 너무나도 내성적이고 무뚝뚝하면서 오만하게 보일 정도로 자기확신에 찬 성격 때문에 항상 자신의 세계에 갇혀 지낸다.

20대인 존 내쉬는 학교 생활에서 인간관계가 서툴러 많은 문제점을 드러내고 오만하고 괴팍하며 비사교적이서 그에게는 변변한 친구 하나 없다. 원작에서는 "숫자를 다루는 일에는 신이 부럽지 않을 만큼 능란했으나 인간관계 함수를 파악하는 데에서는 갓난아기처럼 서툴렀던 사나이였다." 고 평가하고 있다.

내쉬는 신입생을 위한 리셉션에서 화려한 넥타이를 맨 동료 닐슨에게 "자네 넥타이가 형편없다는 것을 수학적으로 설명할 수 있을 텐데."라는 말을 서슴지 않고 내뱉는다. 또한 장학금을 받은 동료 한센에

게 그의 논문이 생산성과 혁신적인 것이 없는 쓰레기라고 평을 한다. 다른 학생들이 강의실에서 공부에 몰두하고 있을 때 강의는 창조력을 죽인다며 수업을 멀리 하고, 비둘기가 몇 번이나 부리를 쪼는가를 썼고, 잔디밭 비둘기들의 움직임을 도식화하겠다고 나서기도 한다. 한 번도 안 둬본 바둑을 한센이 부추겨서 두는데 결국 내쉬가 지게 된다. 내쉬는 자신의 오만함 때문에 바둑에 진 것을 인정하지 않고, 비겁하게 바둑 게임에 속임수가 있었다고 주장하고, 자신이 게임에 졌다는 사실에 매우 당황하며 그 자리를 일어난다. 결국 친구들의 따돌림을 받게 된다.

친구들의 따돌림을 받는 인간적으로 불구인 이 자폐증 환자에게 위안이 되는 유일한 인물은 기숙사 룸메이트 찰스 허만(폴 베타니)이다. 술에 빠져 살고 낙관적이며 사교적인 허만은 내쉬를 세상 밖으로 끌어 내려고 노력하지만 내쉬는 점점 자신의 세계로 숨어든다. 괴팍하고 내성적인 내쉬는 그의 내부에서 끓어오르는 열정이 지나쳐, 주위로부터 소외되는 모습이 가슴 아프게 펼쳐진다.

Chapter 2

The Need to Focus

집중 부족

집중 부족

The Need to Focus

시간 00:11:26 ~ 00:19:00

9. INT. PRINCETON LIBRARY. LATE NIGHT
Push past the librarian, past oak tables and green reading lamps, find Nash sitting on the window seat. He looks exhausted.

CHARLES : You've been in here for two days.

NASH : You know Hansen's just published another paper? I can't even find a topic for my doctorate.

CHARLES : Well, on the bright side, you've invented window art.

Charles talks to Nash, appraising Nash's work.

NASH : (pointing the first pattern) This is a group playing touch football. (pointing second pattern) This is a cluster of pigeons fighting over bread crumbs. (pointing the third pattern) And this here is a woman who is chasing a man who stole her purse.

CHARLES : John, you watched a mugging. That's weird.

9. 내부. 프린스턴대학교 도서관. 늦은 밤

카메라가 도서관을 통해 오크나무 테이블과 초록색 독서 램프를 비추며 내쉬가 창문 앞 의자에 앉아 있는 것을 발견한다. 매우 지쳐 보인다.

찰 스　: 넌 이틀 동안 여기 처박혀 있었어.

내 쉬　: 한센이 새로운 논문을 발표한 것 알아? 난 박사 논문 제목도 못 정했어.

찰 스　: 편하게 생각하면 넌 창문 예술을 창안했잖아.

찰스는 내쉬가 그려놓은 도식을 평가하면서 말한다.

내 쉬　: (첫 번째 패턴을 가리키며) 이건 풋볼을 하는 사람들. (두 번째 패턴을 가리키며) 이건 빵 부스러기 놓고 싸우는 비둘기 떼. (세 번째 패턴을 가리키며) 이건 지갑을 훔친 도둑을 쫓는 여자.

찰 스　: 존, 강도 사건을 목격했군. 그거 이상한데.

■ cluster
집단, 떼, 덩어리.

■ mugging
강도, 폭력.

■ weird
이상한, 불가사이의, 기묘한.
ex) Her behavior is weird today.
오늘 그녀 행동이 이상해.

NASH   : In competitive behavior someone always loses.

CHARLES : Well, my niece knows that, John, and she's about this high.

Charles sits beside Nash.

NASH   : See, if I could derive an equilibrium where prevalence is a non-singular event, where nobody loses, can you imagine the effect that would have on conflict scenarios, and arms negotiations....

CHARLES : When did you last eat? When did you last eat?

Nash continues speaking, lost in thought.

NASH   : ...currency exchange?

CHARLES : You know, food.

Nash stares at him blankly.

NASH   : You have no respect for cognitive reverie, you know that?

CHARLES : Yes. But pizza. Now, pizza I have enormous respect for. And of course beer.

Nash stares at his friend. Then drops his clipboard, picks up his shoes and follows Charles.

내 쉬 : 경쟁엔 항상 패자가 있기 마련이야.
찰 스 : 그건 내 조카딸도 알아, 존. 그 앤 키가 요만해.

찰스는 내쉬 옆에 있는다.

내 쉬 : 만약에 내가 다수가 유리한 상황, 즉 패자가 없는 균형상태를 만들면 분쟁 행동 계획과 군사 협정에 영향이 엄청 크겠지?
찰 스 : 언제 식사했어? 언제 식사했냐구!

내쉬는 생각에 몰두한 채 계속 말을 한다.

내 쉬 : …외환 문제에?
찰 스 : 음식 말이야.

내쉬가 멍하니 그를 바라본다.

내 쉬 : 네가 내 인지적 사고를 존중하지 않는 거, 알아?
찰 스 : 존경해. 하지만 피자. 내가 지금 아주 관심을 가지고 있는 피자말야. 물론 맥주도.

내쉬는 친구를 바라본다. 그리고는 필기판을 내려놓고 자신의 구두를 들고는 찰스를 따라간다.

- ■ equilibrium
  균형, 평형.

- ■ prevalence
  우세, 만연, 퍼져 있음.

- ■ conflict
  투쟁, 충돌, 대립.

- ■ arms negotiation
  군사(무기) 협정.

- ■ cognitive
  인식의, 인식력이 있는.

- ■ reverie
  공상, 환상, 몽상.

Now, pizza I have enormous respect for.
지금 내가 아주 관심을 가지고 있는 피자말이야.
• have respect for
~을 존경하다.
= respect

Now, pizza I have enormous respect for.
지금 내가 아주 관심을 가지고 있는 피자말이야.

NASH   : I have respect for beer. (raising his hands) I have respect for beer!

10. INT. OLD HOME BAR. NIGHT
Students party with co-eds from neighboring schools. Neilson charms a few girls at the bar. Nash is shooting pool alone. Hansen and Bender walk up.

BENDER   : Good evening, Neils.

HANSEN   : Hey, Nash. Who's winning? You or you?

BENDER   : Evening, Nash.

That's when Sol arrives.

SOL   : (V.O.) Hey, guys. Hey, Nash.

BECKY   : He's looking at you for sure.

HANSEN   : Hey, Nash. Neils is trying to get your attention.

Neilson, arm now securely around a luscious brunette, is gesturing Nash over. The blonde giggles, averts her eyes.

BENDER   : You're joking.

SOL   : Oh, no.

Nash stares at the blonde.

BENDER   : Go with God.

SOL   : Come back a man.

BENDER   : Fortune favors the brave.

내 쉬 : 나도 맥주는 좋아해. (양손을 쳐들면서) 맥주를 좋아 한다구!

10. 내부. 오래된 편안한 술집. 밤
학생들이 이웃 학교에서 온 남녀공학 여학생들과 함께 즐기고 있다. 닐슨이 바에서 몇 명의 여자들을 유혹하고 있다. 내쉬는 혼자서 포켓볼을 치고 있다. 한센과 벤더가 다가온다.

벤 더 : 안녕, 닐스.
한 센 : 이봐. 내쉬. 누가 이기고 있어? 너야 아니면 내쉬야?
벤 더 : 안녕, 내쉬.

이때 솔이 도착한다.

솔 : (목소리) 안녕, 친구들. 야, 내쉬.
베 키 : 그가 확실히 널 보고 있어.
한 센 : 안녕, 내쉬. 닐스가 네 환심을 사려고 해.

닐슨은 관능적이고 까무잡잡한 미인의 허리를 팔로 두른채 내쉬에게 몸짓을 한다. 금발의 미녀는 낄낄거리며 자신의 눈을 돌린다.

벤 더 : 장난하지 마.
솔 : 아니야.

내쉬는 금발의 여자를 처다본다.

벤 더 : 가서 잘해봐.
솔 : 이리 와봐.
벤 더 : 미녀는 영웅 차지야.

■ co-ed
(남녀 공학 대학의) 여학생(의).

■ luscious
관능적인, 육감적인.

■ brunette
brunet의 여성형.
• brunet
(머리털 눈 피부가) 거무스름한 (사람).

■ avert
돌리다, 비키다.

■ Fortune favors the brave.
행운은 영웅 차지야.
여기서 행운은 금발 미녀를 가리킨다.
'the brave'는 〈the + 형용사〉로 '용감한 사람'을 가리킨다.

Neils is trying to get your attention.
닐스가 네 환심을 사려고 해.
• get one's attention
~의 주목을 받다.
• attention
관심, 주의.
ex) She likes to be the center of attention.
그녀는 관심의 중심이 되기를 좋아한다.

Neils is trying to get your attention.
닐스가 네 환심을 사려고 해.

HANSEN   : Bombs away.

NASH   : Gentlemen, might I remind you that my odds of success dramatically improve with each attempt.

The blond smiles at Nash. Nash heads towards the bar. Hansen stares after him.

HANSEN   : This is going to be classic.

11. INT. OLD HOME BAR. MOMENTS LATER
Nash is at the bar with Becky, the blonde co-ed. The two sit there in awkward silence. The moment stretches on. Finally....

BECKY   : Maybe you want to buy me a drink.

Nash appraises her clinically.

NASH   : I don't exactly know what I'm required to say in order for you to have intercourse with me. But could we assume that I said all that? Essentially we're talking about fluid exchange, right? So, could we just go straight to the sex?

BECKY   : Oh, that was sweet.

Becky slaps Nash across the face.

BECKY   : Have a nice night, asshole!

Becky walks off.

한 센 : 사로잡아 봐.

내 쉬 : 신사 여러분, 내 성공의 가능성은 시도할 때마다 극적으로 높아진다는 걸 알아둬.

금발은 내쉬에게 미소를 보낸다. 내쉬가 판매대로 향한다. 한센이 그를 응시한다.

한 센 : 이게 나한테 최고의 사건이 되겠군.

11. 내부. 오래된 편안한 술집. 잠시 후
내쉬가 금발 여학생인 베키와 바에 있다. 둘은 어색한 분위기로 바에 앉아 있다. 순간이 흐른다. 마침내······.

베 키 : 아마 나한테 맥주를 사고 싶겠지.

내쉬는 그녀를 냉정하게 평가한다.

내 쉬 : 네가 나와 자게 만들려면 어떻게 말을 해야 할지 잘 모르겠어. 하지만 내가 모든 말을 다 했다고 생각할 수 있을까? 사실 액체 교환을 이야기하고 있잖아? 어때, 바로 자러 갈까?

베 키 : 달콤한 제안이야.

베키가 내쉬의 뺨을 찰싹 때린다.

베 키 : 오늘 밤 잘 즐겨 봐, 재수 없는 녀석!

베키가 자리를 뜬다.

■ bomb
완패시키다.

■ odds
가능성, 확률; 차이.

■ awkward
어색한, 서투른.

■ intercourse
성교, 교섭, 왕래.

■ asshole
지겹고 싫은 녀석, 똥구멍.

■ walk off
급히 떠나다.

Have a nice night.
좋은 밤 되세요.
'have' 동사를 사용해서 'Have fun.
Have a nice day.' 등으로 표현하는 경우가 아주 흔한데 'Enjoy a good night.' 과 유사한 표현이다.

Have a nice night.
좋은 밤 되세요.

NEILSON   : Ladies, wait!

CHARLES   : I... I especially liked the bit about fluid exchange. It was really charming.

Charles exits. Nash giggles alone.

12. EXT. ARCHWAYS. PRINCETON UNIVERSITY. DAY
Two figures pass through the icy stone archways.

HELINGER   : Walk with me, John. I've been meaning to talk with you.

13. EXT. HOLDER ARCHWAYS. PRINCETON
Nash and Helinger walk through the patterns of winter sun.

HELINGER   : The faculty is completing midyear reviews. We're deciding which placement applications to support.

NASH   : Wheeler, sir. That would be my first choice. And actually, I don't really have a second choice, sir.

Helinger stares at him incredulously.

HELINGER   : John, John, your fellows have attended classes. They've written papers. They've published.

NASH   : Oh, I'm still searching, sir, for my....

HELINGER   : Your original idea, I know.

NASH   : Governing Dynamics, sir.

닐 슨 : 저기, 잠깐만!

찰 스 : 난… 액체 교환 얘긴 정말 맘에 들었어. 굉장히 매력적이었어.

찰스가 나간다. 내쉬는 혼자 낄낄거린다.

12. 외부. 아치 길. 프린스턴대학교. 낮
두 사람이 차디찬 석조 아치길을 통해 지나간다.

헬링거 : 나와 같이 좀 걷지, 존. 만나서 얘기하고 싶었네.

13. 외부. 홀더 아치길. 프린스턴
내쉬와 헬링거가 겨울 햇살을 받으며 걷고 있다.

헬링거 : 교수회가 중간평가를 마무리 짓고 있는데. 어디에 추천해야 할지 고민중이라네.

내 쉬 : 윌러요. 윌러연구소에 가장 가고 싶습니다. 윌러연구소 말곤 다른 데는 관심이 없습니다.

헬링거는 그를 회의적으로 쳐다본다.

헬링거 : 존, 존, 자네 동료들은 수업에 충실하고 논문도 쓰고 발표도 했네.

내 쉬 : 전 아직 구상 중입니다.

헬링거 : 독창적인 아이디어 말인가?

내 쉬 : 지배역학입니다.

■ faculty
교수진, 교직원; 능력, 재능.

■ placement
일자리 (찾기), 직업 소개, 고용.

I don't really have a second choice.
다른 선택은 정말 없어요.
• second
다른, 또 하나.
ex) Would you like to have a second?
한 잔(그릇) 더 드시겠어요?

I don't really have a second choice.
다른 선택은 정말 없어요.

HELINGER   : It's very clever, John. But I'm afraid it's just not nearly good enough.

Helinger opens the door, Nash trailing him into....

14. INT. MATH LOUNGE. PRINCETON UNIVERSITY. DAY
A room where math faculty are served tea by tuxedoed waiters. A valet stands at the archway.

VALET   : May I?

HELINGER   : Thank you.

Helinger hands his coat to the valet.

NASH   : I've been working on manifold embedding. My bargaining stratagems are starting to show some promise. If you could just arrange another meeting, if you'd be kind enough with professor Einstein. I've repeatedly asked you for that.

HELINGER   : Now John.

NASH   : I'd be able to show him my revisions on his....

HELINGER   : John? John. Do you see what they're doing in there?

Beyond, a professor rises, crosses the room. He takes his pen from his pocket and lays it in front of a seated man.

PROFESSOR #1 : Congratulations.

MAX   : Thank you so much.

헬링거 : 좋군, 존. 하지만 그것만 가지곤 추천하기가 어
렵네.

헬링거가 문을 연다. 내쉬는 그를 따라 들어간다.

14. 내부. 수학과 휴게실. 프린스턴대학교. 낮
턱시도를 차려 입은 웨이터들이 수학과 교수들에게 차를 대접하는 방이
다. 시종이 아치길에 서 있다.

시 종 : 제가……?
헬링거 : 고맙네.

헬링거는 자신의 코트를 시종에게 건넨다.

내 쉬 : 다양체 삽입을 연구하고 있어요. 저의 협상전
략이 희망적으로 도출되고 있습니다. 다시 뵙
고 설명할 수 있게 해 주세요. 아인슈타인을 만
날 수 있게 주선해 주세요. 여러 번 부탁 드렸
잖아요.
헬링거 : 이보게 존.
내 쉬 : 아인슈타인에게 수정 내용을 보여 드릴 수 있
습니다.
헬링거 : 존? 존. 저 안에 있는 사람들이 하고 있는 일들
이 뭔지 아나?

저 너머에서 한 교수가 일어나 방을 가로질러 간다. 그는 호주머니에서
만년필을 꺼내서 앉아 있는 교수 앞에 놓는다.

교수 1 : 축하드립니다.
맥 스 : 대단히 고맙습니다.

- **manifold embedding**
  다양체 삽입〔개입〕.

- **bargaining stratagem**
  협상〔흥정〕 전략.
  - stratagem
    전략, 군략; 계략, 책략.

- **promise**
  가능성, 유망, 전망.

- **lay** (lay-laid-laid)
  〈타동사〉 물건을 놓다, 눕히다, 제출하다.
  cf. lie (lie-lay-lain)
  〈자동사〉 눕다, ~이 있다, 존재하다.

> **If you could just arrange another meeting.**
> 다시 뵐 수 있게 해 주세요.
> • arrange a meeting
>   모임을 정하다.
> ex) My secretary will phone you to arrange a meeting.
>   내 비서가 당신께 전화를 해서 모임을 정할 것입니다.

If you could just arrange another meeting.
다시 뵐 수 있게 해 주세요.

Another professor lays his pen down in front of the man.

PROFESSOR #2 : Congratulations, Professor Max.

MAX   : Thank you, sir. Thank you.

They shake hands.

HELINGER   : It's the pens.

More and more faculty are rising, now, laying their pens down in front of the smiling man.

HELINGER   : Reserved for a member of the department that makes the achievement of a lifetime. Now, what do you see, John?

Helinger notices the hunger in Nash's eyes.

NASH   : Recognition.

Another professor lays his pen down.

PROFESSOR #3 : Well done, Professor. Well done.

They shake hands.

HELINGER   : Well, try seeing accomplishment.
NASH   : Is there a difference?

또 다른 교수가 만년필을 그 교수 앞에 내려 놓는다.

교수 2 : 축하드립니다, 맥스 교수님.
맥 스 : 고맙습니다. 고마워요.

그들은 악수를 한다.

헬링거 : 만년필이네.

이제 점점 더 많은 교수들이 일어나서, 웃고 있는 교수 앞에 자신들의 만년필을 놓는다.

헬링거 : 평생의 업적을 이룩한 수학과 교수에게 존경의 뜻으로 주는 거야. 이제 뭐가 느껴지나, 존?

헬링거는 내쉬의 눈에서 갈망을 목격한다.

내 쉬 : 세상의 인정입니다.

또 한 교수가 자신의 펜을 내려놓는다.

교수 3 : 장하십니다, 교수님. 잘 하셨어요.

그들은 악수를 한다.

헬링거 : 자, 빛나는 성취를 보려고 하게.
내 쉬 : 어떤 차이가 있나요?

- **reserved**
  보류된, 예약된, 예비의.

- **recognition**
  인식, 인정.

- **accomplishment**
  성취, 업적.

Well done, Professor.
잘하셨습니다, 교수님.
• Well done!
〈감탄문〉 장하다, 잘했다, 훌륭하다.
• well-done
잘 된, 잘한, 능숙히 처리된, 고기가 잘 익은.

Well done, Professor.
잘하셨습니다, 교수님.

Helinger just shakes his head, stares at him sadly.

HELINGER   : John, you haven't focused. I am sorry, but up to this point, your record doesn't warrant any placement at all. Good day.

Helinger walks into the main room, leaving Nash looking in. He lays his own pen down on the table.

HELINGER   : And my complements to you, sir.

MAX   : Thank you so much.

They shake hands. Nash turns back slowly and leaves.

15. INT. NASH'S DORM ROOM. LATE AFTERNOON. WINTER
Nash stands, forehead against the window. The glass is covered with elaborate wax patterns.

NASH   : I can't see it.

Nash whimpers. He raps his head on the window, cracking the glass.

NASH   : Ah!

CHARLES   : Jesus Christ, John.

Charles rises from the couch and finds rivulets of blood running down Nash's forehead. When his voice comes now there is a defeat that is chilling.

NASH   : I can't fail. This is all I am.

CHARLES   : Come on, let's go out.

핼링거는 그를 슬프게 바라보면서 단지 고개를 끄덕인다.

헬링거 : 존, 자넨 집중을 하지 않았어. 유감이지만 현재
로선 추천해 줄 학문적 결실이 없지 않나. 좋은
시간 갖게.

헬링거 교수도 내쉬가 볼 수 있게 한 채로 안으로 들어간다. 그는 테이블
위에 자기 만년필을 놓는다.

헬링거 : 저도 경의를 표합니다, 교수님.
맥 스 : 정말 고맙습니다.

그들은 악수를 한다. 내쉬는 천천히 돌아서서 자리를 뜬다.

15. 내부. 내쉬의 기숙사 방. 늦은 오후. 겨울
내쉬가 이마를 창문에 대고 서있다. 창문 유리는 왁스로 쓴 정교한 기호
로 덮여있다.

내 쉬 : 알아낼 수가 없어.

내쉬는 울먹인다. 그가 머리를 유리창에 대고 두드려서 유리가 깨진다.

내 쉬 : 아!
찰 스 : 맙소사, 존.

찰스가 소파에서 일어나서 내쉬의 이마에서 피가 개울물처럼 흐르는 것
을 발견한다. 실패자의 떨리는 목소리가 나온다.

내 쉬 : 실패하면 안 되는데. 이게 나에겐 전부인데.
찰 스 : 기운 차려, 밖으로 나가자.

■ **up to**
　~까지, ~에 이르기까지.

■ **rap**
　톡톡 두드리다, 비난하다, 내뱉듯이 말하다.

■ **crack**
　깨뜨리다, 부수다, 손상시키다.

> **You haven't focused.**
> 자네는 집중을 하지 않았어.
> • focus
> 　(주의를) 집중하다.
> 여기서 Nash가 집중을 하지 않았다(게
> 을리했다)는 것은 '학생으로서 출석이
> 나 학업을 열심히 하지 않았다'는 것을
> 의미한다.

You haven't focused.
자네는 집중을 하지 않았어.

NASH   : I got to get something done.

Nash grabs the end of the desk, starts to push it away. Charles stops his way.

CHARLES   : John!

NASH   : I can't keep staring into space.

CHARLES   : John, enough!

Nash grabs the desk again and begins dragging it away from the window.

NASH   : Got to face the wall, follow their rules, read their books....

CHARLES   : You want to do some damage? Fine. But don't mess around.

NASH   : ... do their classes.

Charles pushes the desk back hard.

CHARLES   : Come on! Go on, bust your head! Kill yourself.

Charles grabs his shoulders and shoves him back towards the window.

CHARLES   : Don't do it. Don't mess around. Bust your head! Go on, bust that worthless head wide open.

NASH   : Goddamn it, Charles! What the hell is your problem?

Nash shoves Charles hard. Sending Charles slamming down on the floor. Nash stands over him. Furious. Ready to fight.

내 쉬 : 뭔가를 해내야 해.

내쉬는 책상 끝을 잡고 그것을 밀기 시작한다. 찰스가 길을 막는다.

찰 스 : 존!
내 쉬 : 공간을 응시할 수가 없어.
찰 스 : 존, 그만해!

내쉬가 다시 책상을 거머쥐고는 창문에서 멀리 책상을 끌기 시작한다.

내 쉬 : 그들의 규칙대로, 벽을 향하고, 교재를 읽고…….
찰 스 : 깨부술 거야? 좋아. 하지만 꾸물대지 마.
내 쉬 : … 강의를 듣고.

찰스가 책상을 세차게 밀어 부친다.

찰 스 : 어서 해. 어서, 머릴 박어. 자살하라고.

찰스가 그의 어깨를 움켜쥐고는 창문을 향해 그를 밀어 낸다.

찰 스 : 기물 파손하지 말고. 낭비하지 말고. 머리를 박아! 어서. 쓸데없는 대갈통 박살내란 말이야.
내 쉬 : 빌어먹을, 찰스! 넌 뭔데 이러는 거야?

내쉬가 찰스를 세차게 민다. 찰스는 마루바닥에 꽝하고 나가떨어진다. 내쉬가 그 위쪽에 선다. 씩씩거린다. 싸울 태세다.

■ stare
응시하다, 빤히 쳐다보다.

■ mess around
여기저기 빈둥대면서 시간을 낭비하다.

■ bust
깨부수다, 박살을 내다.

■ shove
밀다, 밀고 나아가다, 밀어붙이다.

What the hell is your problem?
도대체 네 문제가 뭐야?
'the hell'은 의문사를 강조하여 '도대체, 대관절'의 뜻으로 유사한 표현에 'on earth, in the world' 등이 있다.

What the hell is your problem?
도대체 네 문제가 뭐야?

CHARLES : It's not my problem. And it's not your problem. It's their problem. Your answer isn't face the wall. It's out there where you've been working.

Charles stands, grinning. He grabs the end of the desk and begins shoving it towards the window. The desk hits it and smashes through the glass.

16. EXT. DORM ROOM. LATE AFTERNOON
The desk blows through the window, tumbling two stories to the snowy ground in an explosion of wood and floating paper. The two students passing by look at Nash and Charles, surprised.

CHARLES : (panting) That was heavy.

Nash nods, can't help a shocked grin.

CHARLES : That Isaac Newton fellow was right.
NASH : (gasping) He was onto something.
CHARLES : Clever boy.

And with that, both boys burst into laughter.

NASH : (to the students outside) Don't worry, that's mine. I'll come and get it in a minute.

17. INT. NASH'S DORM ROOM
They giggle together.

CHARLES : Oh, God.

찰 스   : 그건 내 문제가 아니야. 네 문제도 아니야. 이
          건 그들의 문제야. 벽을 향한다고 해결되는 건
          아니야. 연구를 하는 바깥 세상에 해답이 있어.

찰스가 일어나 희죽 웃는다. 그는 책상 한쪽 끝을 잡고 창문 쪽으로 책상
을 밀기 시작한다. 책상은 창문에 부딪치며 유리를 박살 낸다.

16. 외부. 기숙사 방. 늦은 오후
책상은 창문을 부수며 2층 아래로 굴러 떨어져, 쪼개진 책상과 떠다니는
종이 더미가 눈 위에 쌓인다. 지나가던 두 명의 학생이 놀라서 내쉬와 찰
스를 바라본다.

찰 스   : (헐떡이며) 무거웠지.

내쉬가 고개를 끄덕인다. 충격을 받아 희죽 웃지 않을 수 없다.

찰 스   : 아이작 뉴턴이 옳았어.
내 쉬   : (숨이 막히며) 그는 대단한 걸 발겼했어.
찰 스   : 똑똑했지.

그 말과 함께 두 사람은 웃음을 터뜨린다.

내 쉬   : (밖의 학생들에게) 걱정 마. 내 물건이야. 곧 가지러
          내려갈 게.

17. 내부. 내쉬의 기숙사 방
그들은 함께 낄낄 웃는다.

찰 스   : 세상에!

■tumble
굴러 떨어지다, 넘어지다.

■explosion
폭발, 폭파.

■float
뜨다, 떠돌아다니다, 떠오르다.

■onto
(좋은 결과나 발견 따위에) 도달할 것
같은.
ex) He may be onto something.
    좋은 결과가 나올지도 모른다.

The Need to Focus
집중 부족

뛰어난 두뇌와 수려한 용모를 지닌 괴짜 천재인 존 내쉬는, 내성적이고 무뚝뚝하며 오만하여 자기 확신이 넘치고, 그 누구도 생각해내지 못한 독창적인 아이디어를 찾아내는 데에 몰두한다. 자신만의 독창적인 이론을 찾기 위해 존 내쉬는 수업에 들어가지도 않으면서, 며칠씩 밥도 안 먹고 잠도 안 자고 유리창을 노트 삼아 단 하나의 문제에만 매달린다.

자신만의 독창적인 이론을 발견하겠다며 유리창에 비둘기의 행동 패턴이나 사람들의 이동을 수식으로 바꾼 복잡한 공식을 적어댄다. 사교성이란 전혀 없고 오로지 새로운 발상, 창의적 이론을 찾아 자신의 세계에만 몰두한다. 천재들의 고유영역일 수 있는 폐쇄성과 혼돈의 자아 세계를 겪으면서 호탕한 성격의 기숙사 룸메이트 찰스와 대화를 하며 마음을 나누게 된다.

　룸메이트 찰스의 권유로 술집에 가게 되지만, 처음 만난 여자에게 서로 액체나 교환하자는 당돌한 제안을 했다가 뺨을 맞으면서도 인간 관계가 미숙해서 뭘 잘못했는지 모른다.

　자신만의 독창적인 이론을 찾겠다고 수업에 들어가지도 않고 파묻혀 지내다가, 헬링거 지도 교수를 만난다. 학교 수업에 출석도 하지 않고 논문 발표도 없어서 직장을 추천해 줄 곳이 없다고 지도교수가 말하자 존 내쉬는 더욱 초조한 시간을 보낸다.

Chapter 3

Governing Dynamics

지배역학

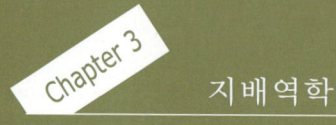

Governing Dynamics

지배역학

시간 00:19:01 ~ 00:24:49

18. INT. OLD HOME BAR. NIGHT. WINTER
Sinartra on the juke. Hansen, Sol, Bender, and Neilson play pool.

NEILSON   : Incoming, gentlemen.

About six women have entered. Well, five and one. The blonde in the lead is simply perfect. Pan across the guys' stunned faces.

SOL   : Ay-yi-yi. Deep breaths.

Nash sits at a table strewn with books, drawing some patterns on endless cocktail napkins. Favor the boys as they follow Hansen to Nash's table, a better vantage point from which to ogle the now sitting girls.

SOL   : Nash, you might want to stop shuffling your papers for
              five seconds.
NASH   : I will not buy you gentlemen beer.
BENDER   : Oh, we're not here for beer, my friend.

64

18. 내부. 오래된 편안한 술집. 밤. 겨울

자동전축에서는 프랭크 시나트라의 노래가 흐른다. 한센, 솔, 그리고 닐 슨이 당구를 친다.

닐 슨 : 얘들아, 등장이야.

약 6명의 여자가 들어온다. 아니 다섯 명과 한 명이다. 앞에 있는 금발의 여인이 매우 아름답다. 사내들의 넋이 나간 얼굴을 카메라가 이동하며 보여준다.

솔 : 아. 심호흡 크게 하고.

내쉬는 책으로 덮여 있는 테이블에 앉아 있다. 끝없이 칵테일 냅킨 위에 다 어떤 패턴을 그리고 있다. 그들이 한센을 따라 내쉬의 테이블로 올 때 카메라는 그들에게 초점을 둔다. 그 위치는 앉아 있는 여자들에게 추파를 던지기 유리한 지점이다.

솔 : 내쉬, 5초만 논문 좀 그만 뒤적거려.
내 쉬 : 너희한테 맥주 살 생각 없어.
벤 더 : 이봐 친구, 우리 맥주 마시려고 온 것 아니잖아.

■ blonde
금발 여인.
'blond'는 살결이 희고 금발인 사람을 가리키는데 여성에는 'blonde'를 사용한다.

■ lead
선두, 우세, 주역.

■ shuffling
서류를 뒤적거리기, 발을 질질 끌기, 카드를 뒤섞기.

Sol points his finger at the smiling girls.

NASH : Oh. Does anyone else feel she should be moving in slow motion?

BENDER : Will she want a large wedding, ya think?

SOL : Shall we say swords, gentlemen? Pistols at dawn?

HANSEN : Have you remembered nothing? Recall the lessons of Adam Smith, the father of modern economics.

SOL : "In competition....

SOL & NEILSON : ...individual ambition serves the common good."

HANSEN : Exactly.

NEILSON : Every man for himself, gentlemen.

BENDER : And those who strike out are stuck with her friends.

Then Nash's gaze fixes on the girls.

HANSEN : I'm not gonna strike out.

SOL : You can lead a blonde to water, but you can't make her drink.

HANSEN : I don't think he said that.

SOL : Nobody move. She's looking over. She's looking at Nash.

HANSEN : Oh, God! He may have the upper hand now, but wait until he opens his mouth.

The boys laugh.

솔이 손가락으로 미소짓는 여자들을 가리킨다.

내 쉬 : 오, 느릿느릿 걸어 들어오는 금발이 매력 있다
고 느끼는 사람?

벤 더 : 폼나는 결혼식을 바라겠지?

솔 : 검 결투로 결판낼까? 새벽에 총으로?

한 센 : 너희들 잊었어? 근대 경제학의 아버지인 애덤
스미스의 이론을 생각해 봐.

솔 : "경쟁에서…

솔과 닐슨 : "…개개인의 야망은 집단의 이익에 이바지한
다."

한 센 : 맞았어.

닐 슨 : 지당한 말씀.

벤 더 : 실패하는 자는 군소리 없기.

그 때 내쉬의 시선이 여자들에게 고정된다.

한 센 : 난 실패 안 해.

솔 : 금발을 물가에 데려갈 순 있지만 물을 마시게
할 순 없어.

한 센 : 그게 아니라고 생각해.

솔 : 가만히 있어 봐. 금발이 우릴 쳐다봐. 내쉬를
보잖아.

한 센 : 세상에. 현재로는 내쉬가 유리해. 근데 입을 열
기나 할까.

학생들이 웃는다.

- move in slow motion
(금발 미인이) 느린 동작으로 움직인다는
것은 금발 미인이 매력적이라는 것을 의
미한다.

- sword
검, 칼.

- at dawn
새벽에.

- common
공동의, 공통의, 흔한.

- strike out
실패하다, 미움받다, 삭제하다, (타자가)
삼진되다.

- stick with
~에 충실하다, ~의 지원을 계속하다.

He may have the upper hand.
그가 유리할지도 몰라.
• the upper hand
우세, 우월(= advantage).

He may have the upper hand.
그가 유리할지도 몰라.

67

HANSEN   : Remember the last time?

BENDER   : Oh, yes, that was one for the history books.

NASH-POV. The girls' table grows dark, only the blond girl highlighted.

NASH   : Adam Smith needs revision.

HANSEN   : What are you talking about?

NASH   : If we all go for the blonde, we block each other.

NASH-POV. The girls grow dark and only the blond girl stands posing like a model.

NASH   : Not a single one of us is gonna get her. So then we go
              for her friends.

NASH-POV. Images of all the boys surround the blonde, then blow apart like fragments of glass, leaving the blonde standing alone.

NASH   : But they will all give us the cold shoulder because
              nobody likes to be second choice.

NASH-POV. The other girls rise into the foreground, images of our boys pairing off with them. All the other girls suddenly go dark, leaving our group standing alone.

NASH   : Well, what if no one goes for the blonde?

NASH-POV. The blond girl stands alone.

한 센 : 지난 번 사건 기억나?
벤 더 : 그래, 역사책에나 나오는 사건이었지.

내쉬의 시점. 여자들의 테이블이 어두워지며, 단지 금발의 여자만이 강조된다.

내 쉬 : 애덤 스미스는 틀렸어.
한 센 : 무슨 소리야?
내 쉬 : 우리 모두가 금발을 차지하려고 쟁탈전을 벌이면, 서로에게 방해가 돼.

내쉬의 시점. 여자들은 어두워지고 단지 금발의 여자만이 모델처럼 포즈를 취하면서 서 있다.

내 쉬 : 우리 중 아무도 여자를 잡지 못해. 그래서 금발 대신에 금발 친구들에게 가는 거야.

내쉬의 시점. 모든 남자들이 금발의 여자를 둘러 싼다. 그리고는 그 여자만 홀로 서 있는 채로 남자들이 유리 파편처럼 산산이 부서진다.

내 쉬 : 하지만 그들은 우리를 냉정하게 대할 거야. 누구도 대타가 되긴 싫거든.

내쉬의 시점. 다른 여자들이 일어나 전면에 나온다. 남자들이 그들과 짝을 짓는 이미지가 나타난다. 갑자기 모든 다른 여자들이 어두워지며 남자들만 서 있게 된다.

내 쉬 : 아무도 금발에 관심이 없으면?

내쉬의 시점. 금발의 여자만이 홀로 서 있다.

- **POV**
시점, 관점.
= point of view

- **block**
방해하다, 장애가 되다.

- **give someone the cold shoulder**
냉대하다, 피하다.
= give the cold shoulder to someone

What if no one goes for the blonde?
만일 아무도 금발에 관심을 안 가지면 어떻게 될까?
- what if
~하면 어떻게 될까.
- go for
~을 얻으려 노력하다, 구하러 가다.

What if no one goes for the blonde?
만일 아무도 금발에 관심을 안 가지면 어떻게 될까?

NASH   : We don't get in each other's way and we don't insult the other girls.

NASH-POV. The blond girl goes dark. Now images of the boys pair up with the remaining girls who twirl like a mobile of arabesque in a Victorian swirl.

NASH   : That's the only way we win. That's the only way we all get laid.

The boys giggle.

NASH   : (elated) Adam Smith said. "The best result comes from everyone in the group doing what's best for himself," right? That's what he said, right?

CHARLES   : Right.

NASH   : Incomplete. Incomplete, okay? Because the best result will come from everyone in the group doing what's best for himself and the group.

HANSEN   : Nash, if this is some way for you to get the blonde on your own, you can go to hell.

NASH   : Governing dynamics, gentlemen. Governing dynamics. Adam Smith... was wrong.

And with that, Nash rises and heads off across the bar.

SOL   : Oh, here we go.

NEILSON   : Careful. Careful.

내 쉬 : 우리 사이에 쟁탈전도 없고 금발 친구들의 기
분도 안 상해.

내쉬의 시점. 금발의 여자가 어두워진다. 이제 빅토리아 시대의 소용돌이
속에서 아라베스크 발레의 움직임처럼 빙빙 도는 남아 있는 여자들과 짝
을 짓는 남자들의 이미지가 나타난다.

내 쉬 : 그게 우리 모두가 이기는 길이야. 그 길만이 우
리 모두가 여자와 잘 수 있는 방법이야.

남자들이 웃는다.

내 쉬 : (득의만면해서) 애덤 스미스가 말했어. "최고의 결
과는 개개인이 그룹 안에서 자신을 위해 최선
을 다할 때 발생한다." 맞지? 그게 그가 말한
거지?

찰 스 : 맞아.

내 쉬 : 완전한 답이 아냐. 불완전해, 그렇지? 최고의
결과는 개개인이 그룹 안에서 자기 자신은 물
론이고 소속된 집단을 위해서 최선을 다할 때
실현되기 때문이지.

한 센 : 내쉬, 자네가 한 말이 금발을 혼자 차지할 꿍꿍
이면 꿈 깨.

내 쉬 : 이보게들, 지배역학. 지배역학 말이야. 애덤 스
미스가 틀렸어.

그 말을 하면서 내쉬가 일어나 바를 건너 걸어간다.

솔 : 오, 또 시작이군.

닐 슨 : 조심해. 조심.

- **get in each other's way**
  서로에게 방해가 되다.
  cf. get in a person's way
  ~의 방해가 되다.

- **get laid**
  〈속어〉 여자와 자다.

Oh, here we go.
아, 또 시작이군.
• Here we go!
〈구어체〉 (지겹게도) 또 시작이군.
= Here we go again!

Oh, here we go.
아, 또 시작이군.

The blonde looks up at Nash as he approaches, but he just blows by her, heading for the door.

NASH   : Thank you.

19. INT. NASH'S DORM ROOM. DAWN. WINTER
Symbols being furiously wrought on a legal pad. Nash sits over his desk by the window, working. The room looks like a tornado hit.

NASH   : (muttering) "C" of "S" equals "C" of "T."

20. EXT. NASH'S DORM ROOM. ACCELERATED TIME
Within the window, time passes normally, Nash continuing to work muttering. Outside, snow covers the building, then melts and tendrils of ivy snake up the concrete facade and bloom, all while he works on. The sunlight.

21. INT. HELINGER'S OFFICE. DAY. SPRING. 1949
Helinger sits across the desk from Nash, holding Nash's handwritten paper in his hand. At the door Charles peers in anxiously.

HELINGER   : You do realize this flies in the face of a 150 years of
              economic theory?

NASH   : Yes, I do, sir.

HELINGER   : That's rather presumptuous, don't you think?

NASH   : It is, sir.

Helinger stares at Nash.

내쉬가 다가가자 금발이 내쉬를 쳐다보지만, 내쉬는 문을 향해서 금발을 그냥 지나친다.

내 쉬   : 고마워요.

19. 내부. 내쉬의 기숙사방. 새벽. 겨울
황색 괘선지철에 기호들이 막 휘갈겨 적혀 있다. 내쉬가 창문 앞 책상에 앉아 연구를 하고 있다. 방은 대선풍을 맞은 것처럼 보인다.

내 쉬   : (중얼거리며) S의 C는 T의 C와 같다.

20. 외부. 내쉬의 기숙사방. 시간 경과
창문 안에서는 시간이 정상적으로 흘러간다. 내쉬가 중얼거리며 계속 연구를 하고 있다. 밖은 눈이 건물을 덮었다가 녹고, 담쟁이 덩굴손이 건물을 화려하게 덮는 동안 내쉬는 연구에만 몰두한다. 햇빛이 비친다.

21. 내부. 헬링거 연구실. 낮. 1949년 봄
헬링거 교수가 내쉬 건너편 책상에 앉아서 내쉬가 쓴 원고를 보고 있다. 문에서는 찰스가 근심스럽게 엿보고 있다.

헬링거 : 이건 150년 된 경제 이론을 반박한 거 아나?
내 쉬   : 예, 압니다.
헬링거 : 좀 대담하다는 생각이 안 드나?
내 쉬   : 맞습니다.

헬리거가 내쉬를 바라본다.

■ blow
갑자기 가버리다, 뺑소니치다.

■ tendril
덩굴손.

■ snake up
구불구불 굽어서 올라가다.

■ facade
(건물의) 정면, (사물의) 외관.

■ bloom
활짝 피다, 한창이다.

■ fly in the face of
~에 정면으로 도전하다(대들다).

■ That's rather presumptuous.
그건 좀 대담하군.
• presumptuous
대담한, 주제넘은, 뻔뻔스러운.

Time passes normally.
시간은 평소대로 흘러간다.
• normally
평소(관례)대로, 정상적으로.

Time passes normally.
시간은 평소대로 흘러간다.

73

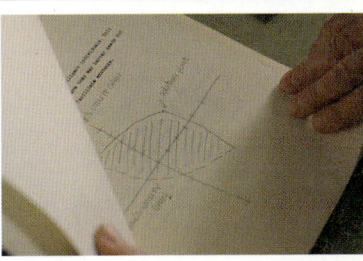

HELINGER : Well, Mr. Nash, with a breakthrough of this magnitude, I'm confident you will get any placement that you like.

He nods.

HELINGER : Wheeler Labs, they'll ask you to recommend two team members.

Charles jumps up high, very pleased.

CHARLES : (whispering) Yes!

Nash smiles back.

HELINGER : Stills and Frank are excellent choices.
NASH : Sol and Bender, sir.
HELINGER : Sol and Bender are extraordinary mathematicians. Has it occurred to you that Sol and Bender might have plans of their own?

Nash just smiles.

22. INT. OLD HOME BAR. DAY. SPRING
Sol and Bender pop champagne bottles as students congratulate them.

SOL & BENDER : (laughing) We made it. Wheeler, we made it.
STUDENT #1 : Cheers, cheers, cheers!
SOL : To.... Oh! Oh!

헬링거 : 내쉬, 이 정도로 놀라운 업적이라면, 자네가 원하는 곳이 어디든 갈 수 있을 거야.

내쉬는 고개를 끄덕인다.

헬링거 : 월러연구소는 자네에게 2명의 팀 동료를 추천하게 할거야.

찰스가 아주 기뻐서 높이 뛰어오른다.

찰 스 : (속삭이면서) 됐어!

내쉬가 미소로 답한다.

헬링거 : 스틸스와 프랭크가 좋을 것 같은데.
내 쉬 : 솔과 벤더를 추천합니다.
헬링거 : 솔과 벤더도 우수한 수학자이지. 솔과 벤더에게는 다른 계획이 있지 않나?

내쉬는 그냥 웃기만 한다.

22. 내부. 오래된 편안한 술집. 낮. 봄
학생들이 솔과 벤더를 축하하는 가운데 삼페인 병의 마개를 딴다.

솔과 벤더 : (웃으면서) 우리가 해냈어. 월러를 우리가 해냈다.
학생 1 : 건배. 건배. 건배!
솔 : 오! 오!

■ **breakthrough**
돌파구, 타개, 발전.

■ **magnitude**
중대성, 위대함, 크기.

■ **confident**
확신이 있는, 자신이 있는.

■ **cheer**
건배하다, 환호하다.

We made it.
우리가 해냈어.
• make it
(어떤 일을) 해내다, 이룩하다, 성공하다.

We made it.

우리가 해냈어.

BENDER   : Okay, awkward moment, gentlemen.

Silence. Another figure steps from the crowd. Hansen. He walks right up to Nash, stands facing him now. A beat. Nash offers a champagne glass to him.

HANSEN   : Umm, hmm. Governing dynamics. Congratulations,
            John.
NASH   : Thanks.

The toast and drink. The other boys begin to chatter.

STUDENT #1 : Toast! To Wheeler Labs!
NEILSON   : To Wheeler.

More whoops as celebration resumes.

벤 더 : 자, 여러분, 껄끄러운 상황이 되겠는걸.

침묵. 다른 사람이 군중들로부터 걸어온다. 한센이다. 그는 내쉬에게 곧장 걸어와 그를 마주보고 선다. 잠시. 내쉬가 샴페인 잔을 그에게 건넨다.

한 센 : 음, 지배역학이라. 축하해, 존.
내 쉬 : 고마워.

건배와 음주. 다른 사람들이 떠들어대기 시작한다.

학생 1 : 건배! 윌러 연구소를 위해!
닐 슨 : 윌러를 위하여.

축하하는 또 다른 환성이 다시 시작된다.

■ Toast! To Wheeler Labs!
건배! 윌러 연구소를 위해!
축배를 받는 대상에 전치사 'to'를 붙인다.
ex) They drank a toast to Wheeler.
그들은 윌러 연구소를 위해 축배를 들었다.
He proposed a toast to the bride and groom.
그는 신랑신부에게 건배를 제안했다.

Governing Dynamics
지배역학

　　존 내쉬는 어느 날 짓궂은 친구들과 함께 들른 술집에서, 아리따운 금발 미녀를 유혹하기 위한 친구들의 경쟁을 지켜보게 된다. 친구들의 논박이 벌어질 때, 존 내쉬는 섬광 같은 직관으로 균형이론의 단서를 발견하게 된다. 예컨대 술집에서 금발 미녀를 두고 친구들 간에 경쟁이 벌어질 때 내쉬의 이론은 이렇다. "우리 모두가 금발을 차지하려고 쟁탈전을 벌이면, 서로에게 방해가 돼. 아무도 그 여자를 잡지 못해. 그래서 금발 대신에 금발 친구들에게 가면, 그들은 우리를 냉정하게 대할 거야. 대타가 되긴 싫거든. 아무도 금발에 관심이 없으면? 쟁탈전도 없고 금발 친구들의 기분도 안 상해. 그게 우리 모두가 이기는 길이야. 다같이 한가롭게 즐기는 방법이야.

　　애덤 스미스는 말했어. '최고의 결과는 개개인이 그룹 안에서 자신을 위해 최선을 다할 때 생긴다.' 그게 맞지? 완전한 답이 아냐. 불완전해. **최고의 결과는 개개인이 그룹 안에서 자기 자신은 물론 소속된 집단을 위해서 최선을 다할 때 실현돼.**"

   1949년 스물 한 살의 청년 존 내쉬는 27쪽 짜리 '균형이론' 논문을
발표한 후 인정을 받아서, 논문 하나로 하루 아침에 학계의 스타로, 제
2의 아인슈타인으로 떠오르게 된다. 27쪽 짜리 짧은 '내쉬 균형이론'
논문은 150년 동안 지속되어 온 경제학 이론을 뒤집고, 신 경제학의 새
로운 패러다임을 제시해 한 세기 경제학의 향방을 바꾸어 놓게 된다.

   존 내쉬는 균형이론 발표 후 지도교수의 추천으로, 본인이 원하던
석학들이 모여있는 윌러연구소에, 그가 추천한 2명의 팀 동료인 솔과
벤더와 함께 들어가게 된다.

Chapter 4

The Pentagon

미 국방성

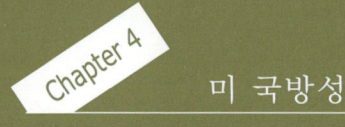

미 국방성

The Pentagon

시간 00:24:50 ~ 00:37:37

23. EXT. THE PENTAGON. WASHINGTON D.C. DAY

Title: THE PENTAGON 1953 FIVE YEARS LATER

The sun breaks on the monolithic stone building.

24. INT. HALLWAY. THE PENTAGON
Nash and the captain walk in.

25. INT. WAR ROOM. THE PENTAGON. DAY
Nash enters.

CAPTAIN	: (V.O.) General, the analyst from Wheeler Lab is here.
AIDE	: Dr. Nash, your coat? Thank you, sir.
CAPTAIN	: Doctor. General, this is Wheeler team leader Dr. John Nash.
GENERAL	: Glad you could come, Doctor.
NASH	: Hello.

They shake hands.

23. 외부. 미 국방성. 워싱턴. 낮
자막: 5년 후 1953년 미국방성

태양이 단일체의 석조건물 위로 쏟아진다.

24. 내부. 복도. 미 국방성
내쉬와 대위가 걸어 들어온다.

25. 내부. 작전실. 미 국방성. 낮
내쉬가 들어온다.

대 위   : (목소리) 장군님, 월러연구소 분석전문가가 여기
           오셨습니다.
부 관   : 내쉬 박사님, 코트 주십시오. 감사합니다.
대 위   : 박사님. 장군님, 월러연구소의 팀장 존 내쉬 박
           사이십니다.
장 군   : 오서서 반갑습니다, 박사님.
내 쉬   : 안녕하세요.

그들은 악수를 한다.

■ the Pentagon
미 국방성.
건물 모양이 오각형(pentagon)이라서 미
국방성을 'the Pentagon'이라고 한다.
Washington D.C. 근처에 있다.

■ war room
작전실, (기업의) 전략 회의실.

GENERAL : Right this way.

Lit map-boards of the cold war globe. The hulking behemoths of early IBM computers. A senior analyst stands before a wall, papered with sheets of numbers. Some technicians are seen working.

ANALYST : We have been intercepting radio transmissions from Moscow.

GENERAL : The computer can't detect a pattern but I'm sure it's code.

They move to the wall papered with code.

NASH : Why is that, General?

GENERAL : Ever just know something, Dr. Nash?

Nash smiles.

NASH : Constantly.

GENERAL : We've developed several ciphers. If you'd like to review our preliminary data.... Doctor?

But Nash just walks away from the officer. He stands facing the wall, staring at the numbers. Push in on Nash's eyes. In the black ocean of his pupils, the reflected rows of code begin to move, forming shifting patterns. Nash begins mumbling to himself.

NASH : 6-7-3-7... 0-3-6... 8-4-9-4....

Pull back on Nash, still staring at the wall. Hours have passed, folks sitting, jackets hanging on chair backs, coffee cups empty.

장 군 : 이쪽으로 오세요.

냉전시대의 지구의의 지도판에 불이 켜진다. 부피가 큰 거대한 초기 IBM 컴퓨터. 선임 분석가가 벽 앞에 서 있는데 벽은 숫자를 적은 종이로 덮여 있다. 몇몇 기술자들이 일하는 것이 보인다.

분석가 : 우린 모스크바의 라디오 무전을 도청하고 있습니다.

장 군 : 컴퓨터론 패턴을 못 찾지만 그건 암호가 확실해요.

그들은 암호로 뒤덮인 벽으로 움직인다.

내 쉬 : 어째서 그렇지요, 장군님?

장 군 : 내쉬 박사님, 뭐든 그냥 알아낸 적 있잖소?

내쉬가 웃는다.

내 쉬 : 항상 그래요.

장 군 : 암호 해독서를 몇 권 만들었소. 임시 자료를 검토해 보고 싶으시면……. 박사님?

하지만 내쉬는 그냥 그 장교로부터 멀리 걸어간다. 그는 벽을 향해 서서 숫자를 뚫어지게 바라본다. 내쉬의 눈이 비친다. 눈동자의 검은 바다에 반사된 암호의 열이 움직이기 시작하면서 변하는 패턴을 형성한다. 내쉬는 혼자 중얼대기 시작한다.

내 쉬 : 6-7-3-7··· 0-3-6··· 8-4-9-4······.

다시 내쉬에게 초점. 그는 여전히 벽을 응시하고 있다. 몇 시간이 지나갔다. 사람들은 앉아 있고 의자 등받이에 상의를 걸어두고 있다. 커피잔은 비어 있다.

■ behemoth
거대한 동물〔사람〕, 괴수(怪獸).

■ intercept
통신을 엿듣다, 중간에 가로채다.

■ transmission
무전, 송신, 전달.

■ detect
감지하다, 찾아내다.

■ cipher
해독(서).

■ preliminary
예비의, 준비의.

■ mumbling
중얼거리기, 우물우물 씹기.

I'm sure it's code.
그건 암호가 확실하다.
= It must be a code.
= It sure is code.
= Surely it's a code.

I'm sure it's code.
그건 암호가 확실하다.

NASH-POV. Series of numbers darken as others rise, a cascade of rapidly changing patterns, endless permutations until...

NASH   : (mumbling) 9-1-4-0-3-4.... I need a map.

They spread the map of North America on a map board. Whenever he says the numbers, Nash marks the map.

NASH   : 46-13-08, 67-46-90. Starkey Corners, Maine. 48-03-01, 91-26-35. Prairie Portage, Minnesota. These are latitudes and longitudes. There are at least 10 others. They appear to be routing orders across the border into the US.

GENERAL   : Extraordinary. Gentlemen, we need to move on this.

Nash glances upwards. From the glass booth overlooking the room, a man is watching Nash. Fine dark suit. Thin tie. William Parcher.

NASH   : Who's Big Brother?

GENERAL   : (dismissive) You've done your country a great service, son. Captain!

CAPTAIN   : Yes, sir.

GENERAL   : Accompany Dr. Nash.

The captain walks over.

NASH   : What are the Russians moving, General?

내쉬의 시점. 일련의 숫자들이 다른 숫자들이 부각되면서 어두워진다. 마치 빨리 변하는 일련의 패턴이 단계적인 반응을 일으키는 듯하다. 끝없는 순열은 마침내……

내 쉬 : (중얼거리면서) 9-1-4-0-3-4……. 지도를 주세요.

그들은 지도판 위에 북아메리카의 지도를 펼쳐 놓는다. 내쉬는 숫자를 말할 때마다 지도에 표시를 한다.

내 쉬 : 46-13-08, 67-46-90. 메인주의 스타키 코너즈. 48-03-01, 91-26-35. 미네소타주의 프레리 포티지. 이게 위도와 경도입니다. 적어도 10군데는 더 있어요. 미국 국경을 관통하는 송달 지령 같군요.

장 군 : 정말 놀랍군요. 여러분 계속합시다.

내쉬는 위쪽을 바라본다. 작전실을 내려다보는 유리부스에서 한 남자가 내쉬를 보고 있다. 짙은 옷에 얇은 넥타이를 맨 남자다. 윌리엄 파처이다.

내 쉬 : 저 사람, 누구지요?
장 군 : (그의 말을 각하하며) 국가에 큰 공을 세웠군요. 대위!
대 위 : 네, 장군님.
장 군 : 내쉬 박사님을 모셔다 드리게.

대위가 걸어온다.

내 쉬 : 장군님, 소련의 움직임은 어떻습니까?

- **cascade**
(가파른) 작은 폭포(waterfall), 계단 폭포.

- **latitude**
위도.

- **longitude**
경도.

- **route**
(어떤 노선에 의해) 송달하다, 순서를 정하다.

- **border**
국경, 경계, 테두리.

- **move on**
계속 진행(전진)하다.

Accompany Dr. Nash.
내쉬 박사님을 모셔다 드리게.
 • accompany
  ~를 따라가다, 수행하다.
 ex) We accompanied the guest to
   the door.
   손님을 문까지 배웅했다.

Accompany Dr. Nash.
내쉬 박사님을 모셔다 드리게.

GENERAL   : Captain Rogers will escort you to the unrestricted area, Doctor. Thank you.

They shake hands.

CAPTAIN   : (V.O.) Dr. Nash, follow me, please.

Nash looks up again. Parcher still stares at him.

26. INT. CAR. AFTERNOON. SUMMER
Nash is lost in thought.

MAN ON RADIO   : None of those who have said they don't like the method... have told us any other method they could use that would be effective. And when you hear....

27. EXT. MIT CAMPUS. CAMBRIDGE. AFTERNOON. SUMMER
A black sedan is waved through a checkpoint by uniformed soldiers.

DRIVER   : (V.O.) It's Dr. Nash.
SOLDIER   : All right.

The car passes through the gate into....

28. EXT. MIT WHEELER LAB COMPOUND. AFTERNOON

Title: WHEELER DEFENSE LABS MIT CAMPUS

A section of building that essentially comprise a small military base in the center of MIT's campus.

장 군 : 로저 대위가 구속이 없는 지역으로 안내할거
요, 박사. 고맙습니다.

그들은 악수를 한다.

대 위 : (목소리) 내쉬 박사님, 저를 따라오시죠.

내쉬는 다시 올려다본다. 파처가 여전히 그를 바라보고 있다.

26. 내부. 차. 오후. 여름
내쉬가 생각에 몰두해 있다.

라디오의 남자 : 이 방법이 싫다고 말한 사람들 중 아무도
효과적으로 사용할 수 있는 다른 어떤 방법도
제안하지 않았습니다. 그리고 당신이……

27. 외부. MIT 캠퍼스. 캠브리지. 오후. 여름
검은 세단이 유니폼을 입은 군인들이 서 있는 검문소를 통과하고 있다.

운전 기사 : (목소리) 내쉬 박사님입니다.
군 인 : 들어가십시오.

자동차가 문을 통과하여 들어간다.

28. 외부. MIT 윌러연구소 구내. 오후

자막: MIT 캠퍼스 윌러 국방연구소

MIT 캠퍼스 중앙에 작은 주요 육군 기지를 포함하고 있는 건물 지역.

- unrestricted
  제한을 받지 않는, 자유로운.

- checkpoint
  검문소.

- compound
  울타리로 둘러싼 지역.

Follow me, please.
저를 따라오시죠.
 • follow
  뒤쪽에서 (쫓아)가다, 뒤따라가다.

Follow me, please.
저를 따라오시죠.

29. INT. WHEELER HEADQUARTWERS
Bustling. Nash walks in. He shows his ID card to the man at the desk.

GUARD : Thank you, sir.

A fellow falls into step with him. It's Sol.

SOL : Home run at the Pentagon, huh?

NASH : Have they actually taken the word "classified" out of the dictionary?

30. INT. NASH'S OFFICE. WHEELER HEADQUARTERS. MIT
Large. Sunlit. Nash and Sol enter. Bender holds a file folder in his hand.

BENDER : Oh, hi. The air conditioning broke again.

NASH : How am I supposed to be in here saving the world if I'm melting?

Nash strips off his jacket.

SOL : Our hearts go out to you.

NASH : You know, two trips to the Pentagon in four years.

SOL : That's two more than we've had.

BENDER : It gets better, John. (slaps the file on the desk) Just got our latest scintillating assignment.

29. 내부. 윌러연구소 본부

부산한 분위기. 내쉬가 들어온다. 그는 자신의 신분증을 접수부에 있는 남자에게 보인다.

경 비 : 고맙습니다.

한 사람이 그와 보조를 맞추며 걷는다. 솔이다.

솔 : 미 국방성에서 큰 건 했다며.
내 쉬 : 그들이 정말 '극비사항' 이란 단어를 사전에서 빼버렸나?

30. 내부. 내쉬의 사무실. 윌러연구소 본부. MIT

큼직하다. 햇빛이 비친다. 내쉬와 솔이 들어온다. 밴더가 파일 폴더를 손에 들고 있다.

벤 더 : 안녕. 에어컨이 또 고장이야.
내 쉬 : 이 찜통 속에서 어떻게 내가 세계를 구하지?

내쉬가 상의를 벗는다.

솔 : 네 마음에 동정을 표할게.
내 쉬 : 4년 동안 미 국방성에 2번 방문했어.
솔 : 그건 우리가 한 것보다 두 번이나 더 많아.
벤 더 : 나아질 거야, 존. (책상 위에다 파일을 친다.) 최근에 흥미진진한 일을 배정 받았어.

■ **classified**
기밀 취급으로 지정된, 비밀의.

■ **melt**
녹다, 용해하다.

■ **Our hearts go out to you.**
네게 동정을 표해.
• go out
(애정·동정 따위가) 쏟아지다.

■ **scintillate**
(재치가) 번뜩이다, 반짝이다.

> **It gets better, John.**
> 상황이 나아진다, 존.
> 'It'는 일반적인 상황을 나타내는 말이다.
> 'get better'는 원래 '병이 낫다, 호전되다'의 뜻이지만 이처럼 '상황'을 표현 할 때도 잘 쓰인다.

It gets better, John.

상황이 나아진다, 존.

NASH   : You know, the Russians have the H-bomb, the Nazis are repatriating South America, the Chinese have a standing army of 2.8 million, and I'm doing stress tests on a dam.

Nash peels off his shirt, leaving only his T-shirt.

BENDER   : You made the cover of *Fortune,* again.

Bender shows the magazine to Nash. Nash takes it. The cover shows four portraits. Nash looks pissed.

SOL   : Please note the use of the word "you," not "we."

NASH   : That was supposed to be just me.

SOL   : Oh. (laughs)

NASH   : So not only do they rob me of the Fields Medal, now they put me on the cover of *Fortune* magazine with these hacks, these scholars of trivia.

BENDER   : John, exactly what's the difference between genius and most genius?

NASH   : Quite a lot.

He walks to the wall which is covered with mathematical symbols, technical schematics. He looks at it.

BENDER   : He's your son. Anyway, you've got 10 minutes.

NASH   : I've always got 10 minutes.

SOL   : Before your new class?

내 쉬 　: 소련은 수소 폭탄을 가지고 있고, 나찌군은 남미의 자산을 본국으로 빼돌리고 , 중국군은 정규군만 280만이야. 난 댐에 압력 실험을 하는 중이고.

내쉬는 셔츠를 벗고 티셔츠만 남긴다.

벤 더 　: '포춘' 표지에 네가 또 실렸어.

벤더가 잡지를 내쉬에게 보여준다. 내쉬가 그것을 받는다. 표지에는 네 명의 초상화가 보인다. 내쉬는 화가 난 듯하다.

솔 　　: '우리' 가 아니라 '너' 라는 말에 주목해 줘.
내 쉬 　: 나만 나오게 되어 있었어.
솔 　　: 그래. (웃는다.)
내 쉬 　: 훈장도 안 주고 이런 시시한 무능한 학자들과 함께 '포춘'지 표지에 나를 싣다니!
벤 더 　: 존, 정확히 천재와 최고 천재의 차이가 뭐야?
내 쉬 　: 상당히 많아.

그는 수학 기호들로 덮여 있는 벽으로 걸어간다. 전문 개략도이다. 그는 그것을 바라본다.

벤 더 　: 건방지긴. 여하튼 10분 남았어.
내 쉬 　: 난 항상 10분이 남았어.
솔 　　: 네 새 강의 10분전인데?

- repatriate
  본국에 돌아가다, 본국에 송환하다.

- peel off
  옷을 벗다, (껍질 따위)를 벗기다.

- hack
  일을 거드는 사람, 택시 운전사, 마부.

- trivia
  시시한 것, 사소한 것.

You made the cover of *Fortune*.
네가 '포춘' 표지에 나왔어.
- make
  해내다, 잘 되다.
ex) He will make a good judge.
　　그는 훌륭한 판사가 될 것이다.

You made the cover of *Fortune*.

네가 '포춘' 표지에 나왔어.

NASH	: Can I not get a note from a doctor or something?
BENDER	: You are a doctor, John, and no. Now, you know the drill, we get these beautiful facilities.
SOL	: MIT gets American's great minds of today teaching America's great minds of tomorrow. Poor bastards.

Bender thrusts the textbook into Nash's arms.

BENDER	: Now, have a nice day at school.
SOL	: The bell's ringing.

Nash heads for the door.

31. INT. MIT CLASSROOM. AFTERNOON

An electric fan is working on the wall. The construction racket outside. Maybe two dozen grad students sit restlessly at their desks, sweating. Windows open to the meager breeze. Nash enters in his T-shirt. He stares out at the class like a soldier eyeing the enemy.

NASH	: The eager young minds of tomorrow?

Loud jackhammering noise. Nash goes to the window and closes it, shutting out the construction noise.

STUDENT	: Can we leave one open, Professor? It's really hot, sir.

Nash has returned to the board. Turns to face the boy who spoke.

NASH	: Your comfort comes second to my ability to hear my own voice.

내 쉬 : (강의 빼줄) 박사 진단서나 뭐 그런 거 없나?

벤 더 : 네가 박사잖아, 존, 어림없어. 여기 교육을 알 잖아. 우린 이 멋진 시설을 가지고 있고.

솔 : MIT는 오늘의 미국 지성인이 내일의 미국 지 성인을 가르치는 곳이야. 불쌍한 학생들.

벤더가 교과서를 내쉬의 팔에 밀어넣는다.

벤 더 : 즐겁게 수업해.

솔 : 종 치겠다.

내쉬가 문을 향한다.

31. 내부. MIT 교실. 오후

선풍기가 벽 위에서 돌아가고 있다. 밖에서 건축공사 소음소리가 들린다. 아마도 줄잡아 20여 명의 대학원생들이 땀을 흘리면서 책상에 앉아 있 다. 창문들은 미미한 미풍을 향해 열려 있다. 내쉬가 티셔츠 차림으로 들 어온다. 그는 적을 보는 병사처럼 학생들을 쳐다본다.

내 쉬 : 내일을 짊어질 지성들인가?

커다랗게 들리는 수동착암기 소리. 내쉬는 창문으로 가서 공사판 소음을 막기 위해 창문을 닫는다.

학 생 : 창문 하나만 열어 둘까요, 교수님? 너무 더워요.

내쉬는 이미 칠판으로 돌아왔다. 말한 학생을 보기 위해 돌아선다.

내 쉬 : 자네의 편안함은 내 강의보다 중요하지 않네.

■ drill
훈련, 교육, 연습.

■ facilities
시설, 설비.

■ bastard
지겨운 놈, 밉살스러운 놈, 사생아.

The eager young minds of tomorrow?
내일의 지성인인가?
• mind
(heart에 대하여) 지성, 지력.
ex) a man of good mind
지성 있는 사람.

The eager young minds of tomorrow?
내일의 지성인인가?

Nash opens the textbook and tosses it into the trash. He writes something on the blackboard, talking to the students.

NASH : Personally, I think this class will be a waste of your, and what is infinitely worse, my time. However, here we are. So you may attend or not. You may complete your assignments at your whim. We have begun.

A young girl has risen. Exquisite. Powerfully intelligent eyes. Moving like water. This is Alicia Larde. She crosses the room and pushes open the window.

NASH : Miss.

She turns now and holds Nash's gaze a beat. Folks just stare, stunned, as she pokes her head outside, begins talking.

ALICIA : Excuse me! Excuse me!

WORKER # 1 : Hey, hey!

ALICIA : Hi. Um, we have a little problem. It's extremely hot in here with the windows closed and extremely noisy with them open. So I was wondering if there was any way you could, I don't know, maybe work someplace else, for about 45 minutes?

WORKER #1 : Not a problem.

ALICIA : Thank you so much!

WORKER #1 : (V.O.) At a break.

WORKER #2 : (V.O.) You got it!

WORKER #3 : (V.O.) Let's go. Clean it up a little bit.

내쉬가 책을 펴다가 그것을 휴지통에 던진다. 그는 칠판에 뭔가를 적으면서 학생들에게 말한다.

내 쉬 : 개인적인 생각이지만 이 수업은 여러분의 시간과 대단히 더 심각한 것은 내 시간의 낭비라는 거야. 하지만 여기 모였으니까 수업에 참여하든 안 하든 간에 각자 기분 내서 과제를 풀어 봐. 시작해 보자구.

한 젊은 여학생이 일어난다. 아주 아름답다. 강력하게 지적인 눈. 물처럼 움직인다. 이 사람이 앨리샤 라드다. 그녀는 방을 건너가 창문을 밀어 연다.

내 쉬 : 학생.

그녀는 이제 돌아서서 내쉬의 시선을 잠깐 받는다. 학생들은 그녀가 밖으로 머리를 내밀고 말하기 시작할 때 놀라서 그냥 바라볼 뿐이다.

앨리샤 : 실례해요. 잠깐만요!
인부 1 : 이봐, 이봐!
앨리샤 : 저어, 문제가 좀 있어서 그래요. 창문을 닫으면 여기가 너무 덥고, 창문을 열어두면 너무 시끄러워요. 괜찮으시면 45분 동안만 다른 곳에서 작업하시면 안 되나요?
인부 1 : 그렇게 하지요.
앨리샤 : 정말 감사합니다.
인부 1 : (목소리) 그만 쉬자.
인부 2 : (목소리) 그러자.
인부 3 : (목소리) 가서 좀 씻자.

- infinitely
  대단히, 무한하게, 끝없이.

- whim
  일시적인 기분, 잘 변하는 마음.

Not a problem.
괜찮아요/ 그렇게 하지요.
= No problem.

Not a problem.

괜찮아요.

NASH   : As you will find in multivariate calculus, there is often a number of solutions for any given problem.

Nash sees the look she gives him, as stunning as it is impassable. A beat. Then Nash offers the barest nod. Turns back to the board.

NASH   : As I was saying, this problem here will take some of you many months to solve. For others among you, it will take you the term of your natural lives.

Pull back over Nash as Alicia continues around the room, opening every window to the breeze. Finally she sits at her desk and stares at Nash.

32. EXT. WHEELER HEADQUARTERS. MIT. NIGHT
Nash exits and descends the front steps.

PARCHER   : Professor Nash.

Nash turns back. Standing in front of the door is a single figure. Slim black suit. Thin tie. It takes Nash a beat to recognize him as the man from the pentagon. He walks over to Nash.

PARCHER   : William Parcher. Big Brother... at your service.

Parcher holds out an ID. Nash inspects the Department of Defense photo and badge, embossed with government seal. Looks up into the most uncanny eyes.

NASH   : What can I do for the Department of Defense? Are you here to give me a raise?

PARCHER   : Let's take a walk.

내 쉬 : 다변수 계산법에서 발견할 수 있듯이 문제 해
결에는 방법이야 많지.

내쉬는 그녀가 보내는 시선을 받는다. 그것은 둔감한 만큼이나 놀라게
하는 표정이다. 잠시. 내쉬는 약간 고개를 끄덕이고는 칠판으로 돌아선다.

내 쉬 : 다시 말하면 여러분 중 어떤 학생이 이 문제를
풀려면 여러 달이 걸릴지 몰라. 여러분 중 어떤
학생에겐 평생 걸릴지도 모르지.

앨리샤가 계속 방을 돌며 모든 창문을 열어 미풍이 들어오게 하자 카메
라는 다시 내쉬에게 비쳐진다. 마침내 그녀는 책상에 앉아 내쉬를 쳐다
본다.

32. 외부. 윌러연구소 본부. MIT. 밤
내쉬가 나와서 계단을 내려온다.

파 처 : 내쉬 교수님.

내쉬가 돌아선다. 문 앞에 한 사람이 서 있다. 검은 옷에 얇은 넥타이 차
림이다. 내쉬가 그 사람이 국방성에서 만난 사람이란 걸 한참 만에 알아
본다. 그는 내쉬에게 걸어온다.

파 처 : 윌리엄 파처입니다. 경찰입니다. 당신을 도울
거요.

파처는 신분증을 꺼낸다. 내쉬는 국방성 사진과 정부의 도장이 부조 세
공되어 있는 뱃지를 살핀다. 굉장히 이상한 눈으로 들여다본다.

내 쉬 : 국방부를 위해 제가 뭘 할 수 있을까요? 제 연
봉을 인상해 주려고요?
파 처 : 같이 걸읍시다.

■**multivariate**
〈통계〉둘 이상의 변수가 있는, 다변수
의, 다변량의.

■**calculus**
계산법.

■**impassable**
통행할 수 없는, 극복할 수 없는.

■**descend**
내려가다, 하강하다.

■**raise**
임금 인상, 승급(액).

Big brother... at your service.
경찰입니다… 분부만 하십시오.
'at a person's service'는 '…의 마음
대로'의 뜻으로 '분부만 하십시오, 잘
부탁합니다'의 뜻으로 번역하면 좋다.

Big brother... at your service.
경찰입니다… 분부만 하십시오.

33. EXT. WHEELER LAB COMPOUND. NIGHT

Parcher is leading Nash away past the main building, deeper into the fenced off military compound.

PARCHER	: Impressive work at the Pentagon.
NASH	: Yes, it was.
PARCHER	: Oppenheimer used to say, "Genius sees the answer before the question."
NASH	: You knew Oppenheimer?
PARCHER	: His project was under my supervision.
NASH	: Which project? That project?

Nash stops, impressed. Parcher just shakes his head.

PARCHER	: It's not that simple, you know?
NASH	: Well, you ended the war.
PARCHER	: We incinerated 150,000 people in a heartbeat.
NASH	: Great deeds come at a great cost, Mr. Parcher.
PARCHER	: Well, conviction, it turns out, is a luxury of those on the sidelines, Mr. Nash.
NASH	: I'll try and keep that in mind.

They begin walking again.

PARCHER	: So, John, no family, no close friends.... Why is that?
NASH	: I like to think it's because I'm a lone wolf. But mainly it's because people don't like me.

33. 외부. 윌러연구소 구내. 밤

파처가 본관 건물을 지나 내쉬를 안내한다. 점점 더 군단 지역에서 떨어져 담이 쳐진 곳으로 들어간다.

파 처 : 당신이 미 국방성에서 한 일은 놀라웠소.

내 쉬 : 그랬었지요.

파 처 : 오펜하이머가 말하곤 했지요. "천재는 질문을 하기 전에 정답을 먼저 안다."

내 쉬 : 오펜하이머를 아세요?

파 처 : 그의 프로젝트를 내가 감독했소.

내 쉬 : 어떤 프로젝트? 그 프로젝트군요.

내쉬는 크게 충격을 받으며 멈춘다. 파처는 단지 머리를 흔든다.

파 처 : 그게 그리 쉬운 게 아니라는 거 아시죠?

내 쉬 : 전쟁을 종식시켰지요.

파 처 : 우린 일본인 15만 명을 죽였소.

내 쉬 : 위대한 행위엔 큰 대가가 따르지요, 파처 씨.

파 처 : 죄의 자각이란 구경꾼들에겐 사치일 뿐이요, 내쉬.

내 쉬 : 염두에 두겠습니다.

그들은 다시 걷기 시작한다.

파 처 : 그런데 존, 당신한텐 가족도 친한 친구도 없고…… 왜 그렇지요?

내 쉬 : 외로운 늑대라서 그런 것 같아요. 실은 사람들이 날 싫어해요.

■ supervision
감독, 관리.

■ incinerate
태워 없애다, 타서 재가 되다.

■ in a heartbeat
'heartbeat'는 '심장의 고동'을 의미한다. 여기서는 살아있는 사람이 비참하게 타 죽은 것을 의미한다.

■ conviction
신념, 확신, 유죄 판결, 죄의 자각, 양심의 가책.

■ I'll try and keep that in mind.
염두에 두겠습니다.
• keep in mind
염두에 두다, 고려하다.

Great deeds come at a great cost.
위대한 행위엔 큰 대가가 따르지요.
• deed
행동, 실행, 공훈.
• at a great cost
큰 희생〔손해〕을 치르고.

Great deeds come at a great cost.

위대한 행위엔 큰 대가가 따르지요.

PARCHER : (chuckles) Well, there are certain endeavors where your lack of personal connection would be considered an advantage.

They approach a guard-post.

NASH : (flashing his ID) This is a secure area.

PARCHER : They know me.

The guard just salutes and the two walk on, heading deeper into the complex. Nash and Parcher have come to a row of warehouses at the rear of the compound. All abandoned, paint chipping, windows boarded up.

PARCHER : Have you ever been here?

NASH : We were told during our initial briefing that these warehouses were abandoned.

PARCHER : That's not precisely accurate.

34. INT. PARCHERS WAREHOUSE. WHEELER COMPOUND. MIT
They have arrived at a warehouse at the end of the row. Sprawling. White suited technicians scurry back and forth amidst hi-tech computing machines. Low radio chatter. Tapes shuttling. Sirens, man speaking Russians on the radio. Nash looks around for a while.

35. INT. PARCHER'S OFFICE
Photos of Parcher with Roosevelt; with Einstein; in a Colonel's uniform with an allied liberation force at the gates of a concentration camp.

PARCHER : By telling you what I am about to tell you, I am increasing your security clearance to top secret. Disclosure of secure information can result in imprisonment. Get it?

파 처 : (껄껄 웃는다.) 인간관계의 폭이 좁은 게 장점이 되는 어떤 시도도 있어요.

그들은 경비실로 다가간다.

내 쉬 : (신분증명서를 내보이며) 여긴 비밀구역입니다.
파 처 : 저를 아는 사람입니다.

경비원은 그냥 인사를 하고 두 사람은 안으로 들어가 단지(團地) 안으로 더 깊이 간다. 내쉬와 파처는 윌러연구소 단지 뒤에 위치한 창고로 간다. 모두가 유기되고 페인트는 떼어졌으며 창문은 널판지로 붙였다.

파 처 : 여기 와 보신 적 있소?
내 쉬 : 첫 브리핑 때, 버려진 창고라고 들었소.
파 처 : 꼭 그렇진 않아요.

34. 내부. 파처의 창고. 윌러연구소 구내. MIT
그들이 건물 열 끝에 있는 창고에 도착했다. 볼품없이 뻗어 있는 건물. 하얀 가운을 입은 기술자들이 고도로 발달된 컴퓨터 기계 사이를 왔다갔다하고 있다. 라디오 소리가 낮게 떠드는 소리. 테이프가 움직이는 소리. 사이렌 소리. 남자가 라디오에서 러시아어로 말을 한다. 내쉬가 한동안 주위를 바라본다.

35. 내부. 파처의 사무실
루스벨트, 아인슈타인과 같이 찍은 파처 사진. 포로수용소 정문 앞에서 연합군과 함께 찍은 대령 제복을 입고 찍은 사진.

파 처 : 하고싶은 말을 하자면, 난 당신의 1급 보안구역 출입을 늘리고 있소. 비밀 정보를 누설하면 감옥에 가게 될 겁니다. 알겠습니까?

■ rear
뒤, 배후, 후방.

■ amidst
~의 사이에, ~의 한가운데서, ~에 에워싸여.

■ clearance
출입 허가, 승인.

■ imprisonment
투옥, 감금.

That's not precisely accurate.
꼭 그렇진 않아요.
• precisely
정확히, 꼭, 반드시.

That's not precisely accurate.
꼭 그렇진 않아요.

NASH   : What operation?

Parcher lifts a small remote control and points it at a TV screen in the wall. On the screen: Prepared by Office of Strategic Services.

NASH   : Those are a good idea.

On screen: black and white of a giant factory.

PARCHER   : This factory is in Berlin. We seized it at the end of the war.

On screen: Closer shots of large, complex production equipment.

PARCHER   : Nazi engineers were attempting to build a portable atomic bomb. The Soviets reached this facility before we did, and we lost the damn thing.

NASH   : The routing orders at the Pentagon. They were about this, weren't they?

PARCHER   : The Soviets aren't as unified as people believe. A faction of the Red Army calling itself Novaya Svobga, "the New Freedom" has control of the bomb and intends to detonate it on U.S. soil. Their plan is to incur maximum civilian casualties.

On screen: An atomic bomb explodes.

내 쉬   : 어떤 일이지요?

파처가 작은 리모콘을 들고 벽에 있는 TV 화면을 가리킨다. 스크린에는
'전략 사령부에 의해 준비됨'이란 글자가 나온다.

내 쉬   : 좋은 아이디어들이지요.

스크린: 흑백의 거대한 공장 전경.

파 처   : 이 공장은 베를린에 있소. 2차대전이 끝날 무
           렵에 우리가 장악했소.

스크린: 거대하고 복잡한 생산시설들의 클로즈 업 장면

파 처   : 독일 공학자들은 휴대용 원폭을 만들고 있었
           소. 소련이 우리보다 앞서서 덮치는 바람에 원
           폭을 놓치고 말았소.
내 쉬   : 미 국방부에 송달 지령이 있어요. 국방부 비밀
           임무란 이것에 관한 거였죠?
파 처   : 소련은 사람들이 생각하는 것만큼 단합되어 있
           지 않습니다. 노바야 스봅가라고 부르는 적군
           파인 신자유파가 원폭을 소유해서 미국을 폭
           파시키려 하고 있소. 민간인 희생을 최대화하
           는 게 그들의 계획이요.

스크린: 원폭이 터지는 장면.

■ faction
  파당, 도당.

■ detonate
  폭발시키다, 폭음을 내다.

■ incur
  발생하다, 초래하다.

■ casualties
  사상자 수.

The Soviets aren't as unified as
people believe.
  소련은 사람들이 생각하는 것만큼 단
  합되어 있지 않습니다.
  • unified
  통합된, 단일화 된, 하나로 된.
  긍정문에는 'as... as~(~만큼 …하
  다)', 부정문에는 'not so... as~'를 사
  용하는 것이 원칙이지만, 구어체에서
  는 'not as... as~'를 사용하기도 한다.

The Soviets aren't as unified as people believe.
소련은 사람들이 생각하는 것만큼 단합되어 있지 않습니다.

PARCHER : Man is capable of as much atrocity as he has imagination. New Freedom has sleeper agents here in the U.S. McCarthy is an idiot, but unfortunately, that doesn't make him wrong. New Freedom communicates to its agents through codes imbedded in newspapers and magazines, and that's where you come in. You see, John, what distinguishes you is that you are, quite simply, the best natural code breaker I have ever seen.

Nash stares at him.

NASH : What exactly is it that you would like me to do?

36. INT. PARCHER'S WAREHOUSE. MOMENTS LATER
Nash and Parcher stand over a monitor manned by a technician.

PARCHER : Commit this list of periodicals to memory. Scan each new issue, find any hidden codes, decipher them.

Nash looks at the list. Nods.

37. INT. PARCHER'S WAREHOUSE. MOMENTS LATER
A technician has lowered what appears to be large x-ray machine over his arm.

DOCTOR : Place your chin on the chin rest. Stare into the light.

MAN : (V.O.) Pulse 88, regular.

TECHNICIAN : Okay, this maybe a little uncomfortable.

파 처 : 인간의 잔혹함은 상상을 뛰어넘어요. 신자유파
는 미국에 첩보원을 깔아두었고. 매카시는 허
수아비지만 불행히도 그가 틀렸다고 할수도
없어요. 신자유파는 신문잡지 속의 암호로 첩
보원들과 교신하고 있소. 그래서 당신이 필요
해요. 존, 당신이 남들과 다른 점은 제가 아는
사람들 중에서 암호해독이 가장 뛰어나다는
거요.

내쉬가 그를 바라본다.

내 쉬 : 정확하게 어떤 일을 해주길 원하시나요?

36. 내부. 파처의 창고. 잠시 후
내쉬와 파처가 한 기술자에 의해 작동되는 모니터 앞에 서 있다.

파 처 : 이 간행물 목록을 잘 기억하세요. 새 간행물 속
에 숨겨진 암호를 찾아서 해독해요.

내쉬가 그 목록을 본다. 고개를 끄덕인다.

37. 내부. 파처의 창고. 잠시 후
한 기술자가 커다란 엑스 레이 기계처럼 보이는 것을 그의 팔 위에 내려
놓는다.

의 사 : 턱을 턱 받침대에 대세요. 빛을 응시하세요.
남 자 : (목소리) 맥박 88. 정상.
기술자 : 자, 조금 따끔할 거예요.

- **atrocity**
  잔인함, 혹독함.

- **sleeper**
  첩보 활동 요원, 뜻밖에 진가를 발휘하는
  사람.

- **idiot**
  쓸모 없는 인간, 바보, 천치.

- **imbed**
  삽입하다, 개입하다.

- **commit**
  기억해 두다, 맡기다, 죄를 저지르다.

What exactly is it that you would
like me to do?
정확하게 제가 어떤 일을 해 주길 원하
시나요?
'What would you like me to do?'에
서 'what'를 강조하기 위해 'it ~ that'
구문을 사용한 구문이다.

What exactly is it that you would like me to do?
정확하게 제가 어떤 일을 해 주길 원하시나요?

The technician lifts the machine, shines a black light over John's wrist. A fresh welt above his wrist. Nash groans.

PARCHER   : That's got a little zap to it, doesn't it? He just implanted a radium diode. Don't worry. It's safe.

We see a series of numbers on Nash's wrist.

PARCHER   : The isotope decays predictably. As a result, these numbers change over time. They're access codes to your drop spot.

NASH   : (looking at the codes implanted in his arm) So what am I now, a spy?

기사가 기계를 든다. 존의 팔목 위에 검은 빛이 빛난다. 그의 팔 목 위로 신선한 강타. 내쉬는 신음을 한다.

파 처 : 따끔한 수준 이상이죠? 라듐 다이오드를 막 이식했소. 걱정 마시오. 안전하니까.

내쉬의 팔목에서 일련의 숫자가 보인다.

파 처 : 동위원소는 자연적으로 붕괴되오. 결국 이 숫자는 시간이 지나면서 바뀝니다. 그 숫자는 비밀 문서 우체통 접근 암호요.

내 쉬 : (팔에 새겨진 암호를 바라보며) 그럼, 나는 이제 스파이가 된 건가?

- zap
  충격, 일격.

- implant
  이식하다, 주입하다.

- isotope
  동위 원소.

- decay
  감소[쇠퇴]하다, 부패하다.

- predictably
  예상되는 대로, 예정대로.

- drop
  (우체통의) 투입구.

The Pentagon
미 국방성

암호 해독에 천부적인 재능을 지닌 '코드 브레이커' 존 내쉬는 미국 방성에 가서 컴퓨터로도 찾기 힘든 중요한 암호 해독 일을 하게 된다. 존 내쉬의 뛰어난 암호 해독력이 미 국방성에서 인정을 받게 되고, 그 공적이 윌러연구소에 소문이 나게 된다. 존 내쉬는 점점 본인이 뛰어난 천재라는 우월감에 빠져들게 되고, '포춘' 잡지 표지에 다른 학자들과 같이 본인이 실린 것을 보고 화를 내며, 강의를 하는 것은 본인의 귀중한 시간 낭비라고 생각한다.

존 내쉬는 수업을 하러 강의실에 들어갔다가 훗날 아내가 될 앨리샤(제니퍼 코넬리)와 처음 대면을 한다. 공사장 소음이 심해서, 존 내쉬가 찌는 듯한 더운 날씨에도 불구하고 창문을 닫고 강의를 강행하자 학생들의 불만이 생기게 된다. 존 내쉬의 오만함은 학생들이 더운 것보다는 본인의 강의가 더 중요하다는 한 마디로 학생들의 불만을 무시하게 한다. 여학생인 앨리샤는 창문을 열고 공사하는 사람들에게 협조를 부탁해서 문제를 해결하는 지혜를 발휘한다.

　　MIT 교수로 승승장구하던 중, 존 내쉬는 정부 비밀요원 윌리엄 파처를 만난다. 그로부터 소련 첩보원들이 각종 신문과 잡지에 남겨 놓은 암호를 푸는 임무가 내쉬에게 떨어진다. 냉전시대 최고의 엘리트들이 그러하듯 소련의 암호 해독 프로젝트에 비밀리에 투입된 것이다. 1950년대 미국 사회를 지배했던 '반공산주의' 물결로 인해 미 국방부가 군사암호 해독에 뛰어난 재능을 발휘한 존 내쉬를 비밀요원으로 활동하게 한다.

Chapter 5

Alicia

앨리샤

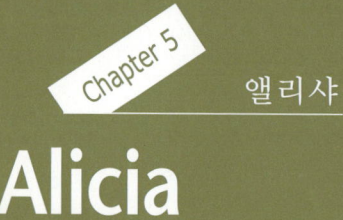

앨리샤

Alicia

시간 00:37:38 ~ 00:51:29

38. INT. NASH'S OFFICE. WHEELER HEADQUARTERS. MIT
A LIFE MAGAZINE—CLOSE. A pen enters frame circles certain occurrences of certain words, then crosses them out. Nash sits behind his desk, pen in hand, the very pictures of focused efficiency. A knock.

NASH   : Come.

Nash looks up to see a figure standing in his doorway. Alicia, a soldier-escort behind her.

ALICIA   : Boy, you must be really important.

Nash stares a beat. The very picture of a sex kitten.

NASH   : It's all right, Mike.

The soldier is gone. Alicia walks over.

38. 내부. 내쉬의 사무실. 윌러연구소 본부. MIT

라이프 잡지 클로스 업. 화면에 펜이 나타나 특정 글자의 조합에 동그라미를 표시하고 나서 그것들을 지운다. 내쉬가 손에 펜을 들고 책상 뒤에 앉아 있다. 능률이 집중되어 있는 화신 그 자체이다. 누군가 노크를 한다.

내 쉬 : 들어와요.

내쉬가 쳐다보니 문간에 한 사람이 서 있는 것이 보인다. 앨리샤. 안내를 한 병사가 그녀 뒤에 서 있다.

앨리샤 : 당신이 무척 중요한 사람 같군요.

내쉬는 잠시 응시한다. 바로 섹스 말괄량이의 화신이다.

내 쉬 : 괜찮아요, 마이크.

병사는 사라진다. 앨리샤가 다가온다.

■ cross ~ out

~를 선을 그어 지우다.

= cross ~ off

ex) Cross that out and write it again.

그거 지우고 다시 써.

ALICIA   : What are you working on?

NASH   : Classified.

ALICIA   : Everyone waited half an hour.

NASH   : For?

ALICIA   : Class. You missed class today.

NASH   : Oh, I suspect that nobody missed me.

Nash chuckles. Alicia slides a single page atop his magazine.

ALICIA   : The problem that you left on the board, I solved it.

Nash pays no attention to it.

NASH   : Oh, no, you didn't.

ALICIA   : You didn't even look.

Nash takes it but barely glances at her paper as he hands it back.

NASH   : I never said that the vector fields were rational functions.

Nash glances at her solution.

NASH   : Your solution is elegant, though. On this particular occasion, ultimately incorrect.

Nash returns the paper. Nash continues to work. Alicia beams. She doesn't move. A beat.

앨리샤 : 무슨 일하고 계세요?

내쉬 : 기밀이야.

앨리샤 : 학생들이 30분이나 기다렸어요.

내쉬 : 왜?

앨리샤 : 강의 때문예요. 오늘 수업에 안 오셨잖아요.

내쉬 : 다들 날 보고 싶어하지 않을 줄 알았는데.

내쉬가 웃는다. 앨리샤는 내쉬의 잡지 위에다 종이 한 장을 내민다.

앨리샤 : 교수님이 칠판에 남겼던 수학문제, 제가 풀었어요.

내쉬는 그것에 주의를 기울이지 않는다.

내쉬 : 못 풀었을 텐데.

앨리샤 : 보시지도 않고요.

내쉬는 종이를 받지만 거의 보지도 않으면서 다시 돌려주려 한다.

내쉬 : 백터 영역이 유리 함수라곤 안 했어.

내쉬는 그녀가 풀어온 답을 바라본다.

내쉬 : 하지만 해답은 훌륭해. 이런 특수한 경우엔 확실히 틀린 답이지만.

내쉬는 숙제를 돌려주고는 계속해서 일을 한다. 앨리샤는 밝게 미소를 짓는다. 그녀는 움직이지 않는다. 잠시.

■ miss
놓치다, ~이 없는 것을 섭섭하게[슬프게, 분하게, 불편하게] 생각하다.

■ suspect
~이 아닌가 의심하다, 어렴풋이 느끼다.

■ rational
〈수학〉유리(有理)의.

Your solution is elegant, though.
하지만 네 답은 훌륭해.
'though'는 특히 구어체에서 문장 끝이나 문장 중간에 쓰여 '그러나, 그렇지만 그래도, 하긴, 역시'의 뜻이다.

Your solution is elegant, though.

하지만 네 답은 훌륭해.

NASH   : You're still here.

ALICIA   : I'm still here.

NASH   : Why?

ALICIA   : I'm wondering, Professor Nash, if I can ask you to
              dinner.

Nash looks up at her, stunned.

ALICIA   : You do eat, don't you?

NASH   : (chuckles) Oh, on occasion, yeah. Table for one.
              Prometheus alone chained to the rock with the bird
              circling overhead. You know how it is.

Alicia laughs.

NASH   : No, I expect that you wouldn't... you wouldn't know.

He sizes her up. A beat, then....

NASH   : If you leave your address with my office, I'll pick you
              up Friday at eight, and we'll eat.

Alicia smiles a wry smile, starts for the door. Nash calls after....

NASH   : One more thing. Do you have a name or should I just
              keep calling you "Miss"?

내 쉬 : 아직 안 갔군.

앨리샤 : 아직이요.

내 쉬 : 왜 안 갔지?

앨리샤 : 내쉬 교수님, 혹시 저랑 저녁 식사하시는 거 어 떠세요?

내쉬는 놀라서 그녀를 바라본다.

앨리샤 : 식사는 하시지요?

내 쉬 : (혼자 웃는다.) 어, 가끔. 혼자서 즐겨. 프로메테우 스는 독수리가 머리 위를 돌고 있는데 혼자 묶 여 있었지. 그런 게 어떤 건지 알겠지.

앨리사가 웃는다.

내 쉬 : 아니 모를걸, 모를 거야.

그가 그녀를 평가한다. 잠시. 그리고 나서……

내 쉬 : 사무실에 주소를 남기면 금요일 저녁 8시에 데 리러 갈게. 식사를 같이 하지.

앨리사가 씁쓸한 웃음을 띠며 연구실 문쪽으로 걸어간다. 내쉬가 뒤에서 부른다.

내 쉬 : 한 가지 더. 이름은 있겠지? 아니면 계속 '학 생'이라고 부를까?

■ Prometheus
프로메테우스 (그리스 신화: 하늘에서 불 을 훔쳐 인류에게 주었기 때문에, 제우스 의 분노를 사서 코카서스 산의 바위에 묶 인 채 독수리에게 간을 먹혔다고 함).

■ pick ~ up
차로 ~를 데리러가다.

■ wry
빈정대는, 비뚤어진, 얼굴을 찌푸린.

You're still here.
아직 안 갔군.
• still
아직도, 지금까지도, 여전히.

You're still here.
아직 안 갔군.

125

Alicia turns back to him, sunlight through the window striking her face so perfectly it steals your breath.

39. INT. GOVERNOR'S MANSION. NIGHT
A resplendent black-tie party. Nash stands in the foyer, poised and dashing.

NASH   : Governor, may I present....

ALICIA   : Miss Alicia Larde.

Smiling beside Nash in a stunning black dress is Alicia.

NASH   : ...Miss Alicia Larde?

GOVERNOR : How do you do?

A photographer steps forward.

PHOTOGRAPHER #1 : Professor, please. You and the governor....

ALICIA   : (to photographer) Wait, one second.

Alicia steps into the shot, begins adjusting Nash's bow-tie.

ALICIA   : I'm sorry. I want a copy of this. First big date and all, you know, so you boys need to look good.

She pulls a handkerchief from her purse and slips the folded cloth into his breast pocket and brushes his lapel.

ALICIA   : Which is not a state you find yourselves in altogether naturally.

앨리샤가 그에게 돌아선다. 창문을 통해 들어오는 햇빛이 그녀의 얼굴을 아주 완벽하게 빛내고 있어 숨이 막힐 정도다.

39. 내부. 주지사 저택. 밤

눈부신 정장 파티가 진행중이다. 내쉬가 입구쪽에 서 있는데 침착하고 생기 있다.

내 쉬 　: 주지사님, 소개할 사람이…

앨리샤 : 앨리샤 라드입니다.

앨리샤가 멋진 검정 드레스 차림으로 내쉬 곁에서 미소짓는다.

내 쉬 　: …앨리샤 라드양?

주지사 : 반갑습니다.

사진사가 앞으로 나온다.

사진사 : 교수님. 교수님과 주지사님…….

앨리샤 : (사진사에게) 잠깐만요.

앨리샤가 촬영권(圈) 내로 들어와 내쉬의 나비 넥타이를 다시 매만져 주기 시작한다.

앨리샤 : 죄송해요. 이 사진 한 장 꼭 주세요. 특별한 첫 데이트이니까요. 남자들이 근사하게 나와야죠.

그녀는 가방에서 손수건을 꺼내서 내쉬의 상의 윗주머니에 접어서 넣고는 옷깃을 턴다.

앨리샤 : 이 분위기에 당신이 자연스럽게 어울려 보이지가 않아요.

■ resplendent
눈부신, 빤짝빤짝 빛나는.

■ black-tie
(파티가) 정장을 한, 정식의.

■ slip
~를 재빨리 끼우다(벗기다), 슬며시 넣다. ~를 미끄러지게 하다, 미끄러져 들어가게 하다.

■ breast pocket
가슴 호주머니.

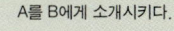

May I present Miss Alicia Larde?
앨리샤 라드양을 소개합니다.
= Let me introduce Miss Alicia Larde.
• present
소개하다, 인사시키다.
cf. present A to B
A를 B에게 소개시키다.

May I present Miss Alicia Larde?

앨리샤 라드양을 소개합니다.

Nash and governor just stares at her.

ALICIA   : There. Better. (to governor) I'm surprising him.

GOVERNOR   : You just keep on surprising him. (to Nash) Professor.

The governor holds Nash's hand and poises. Alicia appraises her work beside the photographer. The frame whitens in a flash.

40. INT. GOVERNOR'S MANSION. MOMENTS LATER
Alicia inspects a painting on the wall. She is riveting. Nash looks over her shoulder at two dark-suited men. They notice his gaze and look away.

ALICIA   : God must be a painter. Why else would we have so
              many colors?

The two men on the balcony look furtively at Nash again. Nash follows the men with his eyes.

NASH   : (distracted) So you're a painter?

ALICIA   : That's not actually what I said. But, yes...I am.

The two men on the balcony are clocking Nash again. When they catch his eyes, they move off.

ALICIA   : (pulling Nash's head to face her) Here. Me. Your date?

Nash looks at her. Smiles.

내쉬와 주지사는 단지 그녀를 바라볼 뿐이다.

앨리샤 : 됐어요. 훨씬 낫군요. (주지사에게) 제가 교수님을 놀라게 하지요.

주지사 : 계속 놀라게 해 주세요. (내쉬에게) 교수님.

주지사는 내쉬의 손을 잡고 포즈를 취한다. 앨리샤는 사진사 옆에서 자신이 한 일을 평가한다. 화면은 플래쉬가 터지면서 하얗게 된다.

40. 내부. 주지사 저택. 잠시 후
앨리샤가 벽에 있는 그림을 보고 있다. 그녀는 매혹적이다. 내쉬는 앨리샤의 어깨 너머로 검은 옷을 입은 두 남자를 본다. 그들은 내쉬의 시선을 의식하고 고개를 돌린다.

앨리샤 : 신은 틀림없이 화가일 거예요. 색이 왜 이렇게 많을까요?

발코니에 서 있는 두 남자는 다시 내쉬를 슬그머니 바라본다. 내쉬는 눈으로 그들을 쫓는다.

내 쉬 : (마음이 산란한다.) 당신도 화가예요?
앨리샤 : 그렇게 말하진 않았어요. 하지만… 맞아요.

발코니의 두 남자는 내쉬를 다시 은밀하게 보고 있다. 그들이 내쉬의 눈과 마주치자 자리를 뜬다.

앨리샤 : (내쉬의 고개를 자신에게 돌리며) 여기. 저를 보세요. 데이트 상대에게 신경을 쓰셔야죠?

내쉬가 그녀를 보며 웃는다.

■ **riveting**
매혹적인, 황홀하게 하는.

■ **gaze**
응시, 주시.

■ **furtively**
비밀스럽게, 은밀하게.

■ **distracted**
마음이 산란한, 주의가 빗나간.

That's not actually what I said.
그렇게 말하진 않았어요.
• actually
사실상, 실제로.

That's not actually what I said.
그렇게 말하진 않았어요.

NASH   : Practice human interaction and social comportment.

She nods, again all warmth.

ALICIA   : That's a plan. Champagne would be lovely. I'll be outside.

NASH   : I will get the champagne.

Nash goes to get the champagne.

41. EXT. TERRACE. GOVERNOR'S MANSION. LATER
Alicia stands on a terrace looking out at the city. Nash hands her a beading flute of champagne.

ALICIA   : Oh, thank you.

Nash pulls Alicia's handkerchief from his pocket and hands it back.

NASH   : Thank you for that.

ALICIA   : No, keep it. I believe in deciding things will be good luck. Do you?

NASH   : No. I don't believe in luck.

Nash smells the handkerchief and tucks it back into his breast pocket, holding her gaze.

NASH   : But I do believe in assigning value to things.

ALICIA   : Oh.

내 쉬 : 인간 관계와 사교 행동을 배워야겠어.

그녀는 고개를 끄덕이며 다시 따사로운 모습이 된다.

앨리샤 : 괜찮은 계획이에요. 샴페인이 있으면 더 멋지겠죠. 밖에 나가 있을 게요.

내 쉬 : 난 샴페인을 가져올게.

내쉬가 샴페인을 가지러 간다.

41. 외부. 테라스. 주지사 저택. 잠시 후
앨리샤가 도시를 내다보며 테라스에 서 있다. 내쉬는 구슬세공의 가늘고 긴 샴페인 술잔을 건넨다.

앨리샤 : 고마워요.

내쉬가 자기 호주머니에서 앨리샤의 손수건을 꺼내서 돌려준다.

내 쉬 : 손수건 고마웠어.

앨리샤 : 됐어요. 가지세요. 결정을 잘 해야 행운도 잘 따라와요. 당신 생각은요?

내 쉬 : 아니, 난 운을 믿지 않아.

내쉬는 그녀의 시선을 고정시키면서 손수건의 향기를 맡고 나서 다시 위쪽 포켓에 넣는다.

내 쉬 : 대신 사물에 가치를 매기는 건 좋아하지.

앨리샤 : 아.

- **comportment**
  태도, 동작.
  = bearing, behavior, demeanor

- **beading**
  구슬 세공을 한.

- **flute**
  가늘고 긴 술잔.

- **assign**
  배정하다, ~를 정하다.

I don't believe in luck.
난 운을 믿지 않아.
  • in luck
  운이 좋아.
  cf. out of luck
  운이 나빠서.

I don't believe in luck.
난 운을 믿지 않아.

42. EXT. GARDENS. GOVERNPR'S MANSION. LATER

Nash and Alicia walk the edge of the gardens. Alicia is craning her neck skyward, towards the glittering canopy of stars.

ALICIA : I once tried to count them all. I actually made it to 4,348.

NASH : You are exceptionally odd.

ALICIA : I bet you're very popular with the girls.

Nash comes closer to her.

NASH : A pair of odd ducks, then.

ALICIA : Mmm.

NASH : Pick a shape.

ALICIA : What?

NASH : Pick a shape. An animal, anything.

ALICIA : Okay. An umbrella.

NASH-POV. As he holds the night in his gaze. The sky grows dark except for a series of stars. They do in fact form an umbrella. Nash steps behind her, taking her hand in his, and guiding her eyes, pointing out the pattern in the stars.

ALICIA : (chuckles) Do it again. Do it again.

NASH : All right. What would you like?

ALICIA : Do uh... an octopus.

Nash takes her hand again and guiding her eyes, points out the pattern in the stars.

42. 외부. 정원. 주지사 저택. 잠시 후

내쉬와 앨리샤가 정원 언저리를 걷는다. 앨리샤가 목을 하늘쪽으로 뺀다. 하늘을 덮고 있는 반짝이는 별들을 향해서.

앨리샤 : 한번은 별을 전부 세어 보려고 한 적이 있었어요. 실제로 4,348개까지 세어 봤어요.

내 쉬 : 당신은 굉장히 묘한 여자야.

앨리샤 : 내가 보기엔, 당신 여자들에게 인기가 아주 많겠어요.

내쉬는 그녀에게 더 가까이 다가선다.

내 쉬 : 그럼, 우리는 묘한 짝이고.

앨리샤 : 음.

내 쉬 : 모양을 하나 정해 봐.

앨리샤 : 네?

내 쉬 : 형태를 하나 골라. 동물이든 뭐든.

앨리샤 : 좋아요. 우산.

내쉬의 시점. 내쉬가 밤에 시선을 고정시킨다. 하늘이 일련의 별들 이외에는 어두워진다. 별들은 사실상 우산의 모양을 짓는다. 내쉬가 앨리샤 뒤에 서서 그녀의 손을 잡고 그녀의 시선을 안내하면서 우산 모양의 별을 가리킨다.

앨리샤 : (웃는다.) 다시 해 봐요. 어서.

내 쉬 : 좋아. 어떤 걸 원해요?

앨리샤 : 음… 문어를 해 봐요.

내쉬는 다시 그녀의 손을 잡고 시선을 이끌며 문어 모양의 별들을 가리킨다.

■ crane
목을 길게 빼다.

■ canopy
천개(天蓋), 닫집, 하늘, 천개처럼 덮는 것.

■ exceptionally
예외적으로, 특별히, 대단히.

A pair of odd ducks.
(우리는) 묘한 짝이야.
• odd
묘한, 이상한, 뜻밖의.
• 'duck'은 (집)오리인데, 속어로는 '(이상한) 놈, 귀여운 사람'이라는 의미로 사용된다.
ex) He is a weird duck.
그는 괴짜야.

A pair of odd ducks.

(우리는) 묘한 짝이야.

43. INT. PORCH. NASH'S APARTMENT. SUNSET

Nash is standing over a sea of torn pages. His eyes are red, tired. All around him shifting patterns rise and fall with ever increasing speed. Suddenly. The rapid cascade of patterns freezes, leaving a single pattern. Nash goes down on his knees. A series of cuts. Nash makes certain words and pictures on various articles. He cuts several pages out with a ruler. Nash begins to write furiously. He delineates a route on a paper map of the U.S. He slides his work into a gray Wheeler envelope and seals it with wax, and stamps "CLASSIFIED" on it.

44. EXT. CAMBRIDGE ESTATE. NIGHT

Nash's car stops in front of the gate. Nash steps out and walks over to the mansion. He stops before a giant wrought iron gate, behind which sits a resplendent white colonial mansion. Lights burn in every room. On the gate, a small keypad is illuminated by the purple glow of a tiny bulb. Nash stares at the keypad, reaches forward. NASH'S WRIST—CLOSE. In the purple light, a new set of numbers appear beneath the surface of his skin.
He enters the numbers into the keypad. The lock clicks open. He pushes the gate wide. He enters with his sealed Wheeler envelope in his hand.

45. EXT. CAMBRIDGE ESTATE. NIGHT

Beyond the gate is a free standing mailbox. Freshly painted wrought iron secured with a heavy padlock. He slides a gray envelope into the mail slot. A dog barking and a sudden rustling from behind him. Nash spins. Bushes move. Just the wind? He starts to move towards the street. Down the block headlights. A car approaches. It slows. NASH-CLOSE. Scared. Finally, the car moves off. The hum of the automatic gate beginning to close. Nash darts and makes it out through the closing gate at the possible instant.

46. EXT. WALDEN POND. DAY

A cradle of lush forest. Alicia and Nash sit over the remains of their picnic.

ALICIA : (chuckles) You don't talk much, do you?

NASH : I can't talk to you about my work, Alicia.

ALICIA : I don't mean work.

134

43. 내부. 포치. 내쉬의 아파트. 해질녘

내쉬가 찢어진 종이조각 홍수 위에 서 있다. 그의 눈은 충혈되어 있고 피곤하다. 패턴을 바꾸는 그 주위의 모든 것이 점점 증가하는 속도로 나타났다가 사라진다. 갑자기, 빠르게 변화하던 패턴이 멈추며 하나의 패턴을 남긴다. 내쉬는 무릎을 꿇는다. 일련의 장면이 계속된다. 내쉬는 다양한 기사에서 일정한 단어와 그림을 만들고 있다. 그는 자를 대고 몇 장을 뜯어낸다. 그는 미친 듯이 쓰기 시작한다. 미국 종이 지도 위에 한 루트의 윤곽을 그린다. 그는 회색 윌러 봉투에 종이 조각을 넣고 왁스로 봉한 후, '기밀 문서'라는 도장을 찍는다.

44. 외부. 캠브리지 사유지. 밤

내쉬의 차가 문 앞에 선다. 내쉬가 차에서 내려 저택으로 걸어간다. 그는 거대한 연철 문 앞에 선다. 그 뒤에는 빛나는 식민지 시대 풍의 흰 저택이 놓여 있다. 각 방에 불이 켜 있다. 문에는 작은 키패드가 있는데 그것을 자주색의 작은 전구가 비추고 있다. 내쉬는 키패드를 보고 다가선다. 내쉬의 팔목 클로즈 업. 자주빛 불 속에서 새로 새겨진 숫자가 살갗 표면 아래에서 나타난다. 그는 그 숫자를 키패드에 집어넣는다. 자물쇠가 열린다. 그는 문을 밀어 열고는 손에 밀봉한 윌러 봉투를 들고 들어간다.

45. 외부. 캠브리지 사유지. 밤

문 너머로 우체통이 매달려 있다. 무거운 맹꽁이 자물쇠로 걸어진 새롭게 칠한 연철. 그는 우체통 구멍으로 회색 봉투를 밀어넣는다. 개가 짖고 그 뒤쪽에서 갑자기 옷 스치는 소리가 난다. 내쉬가 홱 돌아선다. 덤불이 움직인다. 그냥 바람인가? 그는 거리를 향해 움직이기 시작한다. 블록 아래에서 차의 전조등이 비친다. 차가 접근한다. 속도를 늦춘다.
내쉬 클로즈 업. 겁에 질린다. 마침내 차는 사라진다. 자동문이 내는 잡음이 잦아들기 시작한다. 내쉬는 달려가 문이 닫히기 바로 직전에 간신히 빠져나온다.

46. 외부. 왈든 연못. 낮

싱싱한 숲의 요람이다. 앨리샤와 내쉬가 소풍의 남겨진 음식을 두고 앉아 있다.

앨리샤 : (혼자 웃는다.) 말이 별로 없는 편이지요?

내 쉬 : 내 일에 관해서 말할 수가 없어, 앨리샤.

앨리샤 : 일 얘기 말고요.

■ torn
찢어진.

■ article
(신문·잡지의) 기사.

■ delineate
윤곽을 그리다, 묘사하다.

■ wrought iron
연철, 단철.

■ slot
가늘고 긴 구멍.

■ lush
싱싱한.

I don't mean work.
일 얘기하고 있는 게 아니에요.
'mean'은 구어체에서 매우 유용한 동사로 뒤에 목적어를 취해 여러 표현을 나타낸다.
• I mean it.
진심으로하는 말이다.
= I mean what I say.
• I mean it for a joke.
농담으로 한 말이다.

I don't mean work.

일 얘기하고 있는 게 아니에요.

Nash throws a wry grin.

NASH : I find that polishing my interactions in order to make them sociable requires a tremendous effort. I have a tendency to expedite information flow by being direct. I often don't get a pleasant result.

ALICIA : Try me.

Nash stares at her a beat. Then....

NASH : All right. I find you attractive. Your aggressive moves towards me indicate you feel the same way. But still ritual requires that we continue with a number of platonic activities before we have sex. I'm proceeding with those activities, but in point of actual fact, all I really want to do is have intercourse with you as soon as possible.

Alicia stares at him a beat.

NASH : Are you gonna slap me now?

Alicia leans in and kisses him on the mouth.

ALICIA : How was that result?

This time Nash kisses her passionately.

내쉬는 씁쓸한 미소를 짓는다.

내 쉬 : 무뚝뚝한 사람이 사교적인 사람이 되기 위해선 엄청난 노력이 필요하다는 것 알아. 난 하고 싶은 말을 직설적으로 내뱉는 편이야. 그래서 뒤끝이 안 좋아.

앨리샤 : 나한테 한번 해봐요.

내쉬는 잠시 그녀를 바라본다. 그리고는……

내 쉬 : 좋아. 당신에겐 매력이 있어. 나에 대한 당신의 적극적인 행동을 보면 당신도 내가 매력이 있다고 느끼는 것 같아. 하지만 관습적인 관점에서 보면, 섹스를 하기 전까지 플라토닉한 애정 표현만 지속시키는 게 필요할 것 같아. 난 당분간 그럴 생각이지만, 솔직히 말하자면 하루라도 빨리 당신과 자고 싶어.

앨리샤는 그를 잠시 바라본다.

내 쉬 : 내 뺨을 때릴 거야?

앨리샤가 몸을 기울여 내쉬의 입을 맞춘다.

앨리샤 : 말을 한 결과가 어땠어요?

이번에는 내쉬가 열정적으로 그녀에게 키스한다.

■ polish
세련되게 하다, 광택을 내다.

■ interaction
상호 작용, 대화.

■ expedite
신속히 처리하다, 급송하다, 재촉하다.

■ aggressive
적극적인, 공격적인.

■ ritual
의식, 의식적 관습.

■ platonic
플라토닉한, (순)정신(우애)적인.

■ slap
찰싹 때리다, 모욕을 주다.

I often don't get a pleasant result.
종종 뒤끝이 안 좋아.
• pleasant
유쾌한, 기분 좋은, 상냥한.

I often don't get a pleasant result.
종종 뒤끝이 안 좋아.

47. EXT. MIT CAMPUS. DAY

Nash sits under a tree, marking up a magazine. A little girl—Marcee, 6—walks up to him.

MARCEE   : What are you doing?

Nash looks up at her.

NASH   : I am attempting to isolate patterned reocurrences within periodicals over time. And you?

MARCEE   : You talk funny, Mr. Nash.

NASH   : Do I know you?

MARCEE   : My uncle says you're very smart but not very nice, so I shouldn't pay no mind if you're mean to me.

NASH   : And who might your uncle be?

CHARLES   : (V.O.) The prodigal roommate... returns.

Nash looks up and standing over him is Charles. He grins and rises. They hug each other.

CHARLES   : Come here!

NASH   : Charles, Charles, Charles.

48. EXT. MIT CAMPUS

Nash and Charles stroll together. Marcee runs a few yards ahead, chasing pigeons, eyes wide with a child's fascination.

47. 외부. MIT 캠퍼스. 낮
내쉬가 나무 밑에 앉아서 잡지에 표시를 하고 있다. 어린 소녀(6살의 마시)가 그에게 다가온다.

마 시 : 뭐 하세요?

내쉬가 그녀를 쳐다본다.

내 쉬 : 시간이 지나면서 간행물에 새로운 패턴이 있나 찾아보는 거야. 너는 뭐하니?
마 시 : 내쉬 아저씨는 이상한 얘길 하시는군요.
내 쉬 : 나를 아니?
마 시 : 삼촌이 아저씨가 매우 똑똑하지만 무뚝뚝하대요. 그래서 저에게 친절하지 않아도 신경 쓰지 말래요.
내 쉬 : 삼촌이 누군데?
찰 스 : (목소리) 방탕아 룸메이트가… 돌아왔도다.

내쉬가 올려다보자 찰스가 앞에 서 있다. 그는 싱긋 웃으며 일어난다. 그들은 서로 포옹한다.

찰 스 : 어디 보자!
내 쉬 : 찰스, 찰스, 찰스.

48. 외부. MIT 캠퍼스
내쉬와 찰스가 같이 산책을 한다. 마시는 몇 미터 앞에서 비둘기를 쫓으며 뛰어다닌다. 그녀는 넋을 잃은 어린이의 모습으로 눈을 크게 뜨고 있다.

- **reocurrence**
재발생, 재산출.

- **periodical**
정기간행물.

- **pay no mind**
무시하다.
'I shouldn't pay no mind.' 문장은 이중부정으로 긍정의 의미가 되기 때문에 원칙적으로는 'I should pay no mind.'가 되어야 한다.

- **stroll**
산책하듯이 걷다, 만보하다.

You're mean to me.
나를 귀찮아하는군.
• mean
귀찮은, 불친절한, 비열한.

You're mean to me.
나를 귀찮아하는군.

CHARLES : My sister got herself killed in a car crash. (To Marcee) Not too far now, Marcee! Her cowboy husband was too drunk to know he was too drunk to drive. So I took her in.

NASH : She's so small.

CHARLES : She's young, John. That's how they come.

Marcee runs at the pigeons. To her dismay, they don't move.

CHARLES : I'm at Harvard doing the great author's workshop. D.H. bloody Lawrence.

NASH : I really do think you should buy yourself a new book.

Charles chuckles. They sit on the bench.

CHARLES : Well, I've been reading a lot about you. How are you, John?

NASH : At first all my work here was trivial, but a new assignment came up and... I can't really tell you any details.

CHARLES : Top secret? Black bag? Black ops?

NASH : Something like that. And, uh....

CHARLES : Yes?

NASH : Well, I... I met a girl.

CHARLES : No! A human girl?

NASH : Homo sapien.

찰 스 : 누나가 차 사고로 죽었어. (마시에게) 멀리 가지 마, 마시! 주정꾼이었던 매형이 너무 취해서 운전하기엔 너무 많이 취했다는 걸 모른 거지. 그래서 내가 마시를 데려 왔어.

내 쉬 : 키가 아주 작네.

찰 스 : 어리잖아, 존. 애들은 원래 작은 거야.

마시가 비둘기들을 향해 뛴다. 그녀가 당황스럽게도 비둘기들은 움직이지를 않는다.

찰 스 : 위대한 작가의 연구회 일로 하버드에 있어. D.H. 로렌스.

내 쉬 : 새 책 좀 사보는 게 낫겠군.

찰스가 낄낄 웃는다. 둘은 벤치에 앉는다.

찰 스 : 너에 관한 이야기 많이 읽었어. 어떻게 지내, 존?

내 쉬 : 처음엔 여기서 내가 하는 일이 사소했는데 새로운 일을 받았어. 자세한 건 말하기가 좀 곤란해.

찰 스 : 1급 비밀? 비밀 공작? 비밀 군사행동?

내 쉬 : 뭐 그런 거. 그리고…….

찰 스 : 뭔데?

내 쉬 : 여잘 만났어.

찰 스 : 정말이야! 인간이겠지?

내 쉬 : 호모 사피언.

■crash
충돌, 추락.

■take in
받아들이다, 데리고 오다.

■trivial
사소한, 자질구레한.

■black bag
정보 입수를 위한 불법 침입.

■black ops〔operations〕
비밀 군사행동.

■Homo sapien
사람, 인류.

That's how they come.
그게 바로 애들이지.
여기서 'come'은 현재시제로 쓰여 '…의 출신이다, 자손이다, 태생이다'의 뜻이다.

That's how they come.
그게 바로 애들이지.

CHARLES : A biped?

NASH : Yup. And contrary to all probabilities, she finds me attractive on a number of different levels.

CHARLES : (laughing) Really? God, that's wonderful. There's no accounting for taste, is there?

NASH : Should I marry her?

CHARLES : Oh, God. Right?

NASH : I mean, everything's going well. The job is fine. I have enough money. It all seems to add up. But how do you know for sure?

CHARLES : Nothing's ever for sure, John. That's the only sure thing I do know.

찰 스 : 두 발로 걸어?

내 쉬 : 어. 희한한 건, 그 여자도 내가 여러 가지 면에서 매력이 있데.

찰 스 : (웃으며) 정말이야? 세상에, 너무 잘 됐구나. 취향은 다양하잖아, 안 그래?

내 쉬 : 결혼해야 되나?

찰 스 : 세상에. 해야지.

내 쉬 : 모든 게 다 잘되고 있어. 직장도 만족스럽고. 돈도 충분하고. 모든 게 다 맞는 것 같아. 결혼을 해야 좋은지 어떻게 확신하지?

찰 스 : 세상에 확실한 건 없어, 존. 그게 내가 아는 유일한 진리야.

■ biped
두 발 동물.

■ probability
가능성, 확률.

■ There's no accounting for taste.
취향은 다양하지.
상대방의 판단이나 선호도에 이해가 가지 않을 때 주로 사용한다.
 • account
   이유를 설명하다.

■ add up
이치에 맞다, 합계를 내다, 계산이 맞다.

Alicia

앨리샤

존 내쉬는 암호해독에 정신이 팔려 강의 시간도 잊어버린다. 강의 수강생인 앨리샤가 숙제로 내준 문제를 풀었다고 하면서 존 내쉬를 찾아온다. 내쉬에게 그가 한번도 생각해보지 못한 순수한 사랑이 찾아오게 되며, 내쉬를 당황하게 한 것은 몇 만개의 암호가 아닌 사랑이란 인생의 난제였다. 그의 제자이기도 한 물리학도 앨리샤를 만나는 순간부터 내쉬의 지루함은 사라지기 시작하고 갇혀 있던 천재의 마음을 열어놓기 시작한다.

두 사람은 주지사 파티에 같이 가면서 서로 간의 사랑이 싹트게 된다. 에너지를 한 곳에 몰아쓰는 천재 존 내쉬는, 일상생활이 매우 서툴고 매력이 없지만, 앨리샤는 인내로 내쉬를 이끈다. 앨리샤와 데이트를 하면서 내쉬 자신도 인간 관계와 사교 행동을 배워야겠다고 생각한다. 내쉬와 앨리샤는 연못가로 소풍을 가게 되는데, 내쉬 자신의 무뚝뚝함과 비 사교적인 성격에 대해 고백을 하지만 앨리샤는 존 내쉬의 단점을 사랑으로 감싼다.

　　존 내쉬는 MIT 캠퍼스에서 간행물에 나와 있는 암호를 해독하다가 룸메이트 찰스와 마시를 만나게 된다. 내쉬는 찰스에게 여자 친구가 생겼다는 소식을 전하고 앨리샤와 결혼을 해야 할지에 대한 고민을 털어놓는다. 찰스는 세상에 확실한 건 하나도 없다고 하면서 결혼을 하라고 권유한다.

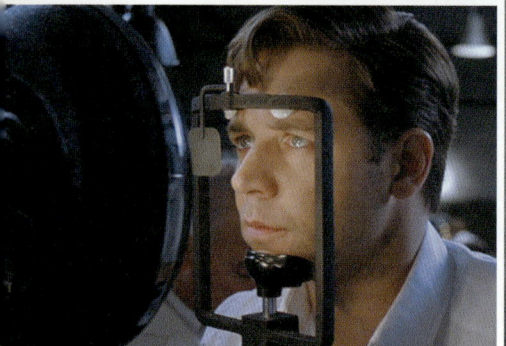

All right. I find you attractive. Your aggressive moves towards me indicate you feel the same way. But still ritual requires that we continue with a number of platonic activities before we have sex. I'm proceeding with those activities, but in point of actual fact, all I really want to do is have intercourse with you as soon as possible. Are you gonna slap me now?

How was that result?

Chapter 6

A Wedding

결혼

A Wedding

49. INT. BACK BAY RESTAURANT. NIGHT
Small. Romantic. Alicia sits drinking a beer. Nash arrives at the table really late.

WAITER   : (V.O.) Good evening.

NASH   : Alicia, please don't be angry. I just lost track of time at work... again.

Her look stops him cold. He begins digging in his pockets trying to find something.

NASH   : I'm sorry. I didn't have time to wrap it.

Nash has reached into his pocket and hands her something.

NASH   : Happy birthday.

Finally she takes the object from John. It's a small glass ball.

49. 내부. 백 베이 레스토랑. 밤
자그마하고 로맨틱한 레스토랑. 앨리샤가 앉아서 맥주를 마시고 있다. 내쉬가 너무 늦게 도착했다.

웨이터 : 안녕하세요.

내 쉬 : 앨리샤, 제발 화내지 마. 일에 몰두하다가 그만
        시간을 또 깜박했어.

그녀의 표정으로 내쉬는 그 자리에 얼어붙는다. 내쉬가 호주머니를 뒤지기 시작하며 뭔가를 찾으려 한다.

내 쉬 : 미안해. 시간이 없어서 이거 포장도 못했어.

내쉬는 주머니를 뒤져 그녀에게 뭔가를 건넨다.

내 쉬 : 생일 축하해.

마침내 그녀는 존으로부터 그 물건을 받는다. 작은 유리 구슬이다.

■ **lose track of**
~를 놓치다, ~의 일을 잊어버리다.
cf. keep track of
    ~를 놓치지 않다, ~를 기억하다, ~와
    의 접촉이 끊어지지 않도록 하다.

■ **wrap**
포장하다, 둘러싸다.

NASH : The refractive faces of the glass, they create a full wavelength dispersal, so if you look inside it, you can see....

ALICIA : (whispers) Every possible color.

She stares at him, frowning.

NASH : Every possible color. Yeah. Remember you said that time God must be a painter, because of all the colors, at the governor's house? You said that.

ALICIA : I didn't think you were listening.

NASH : I'm always listening.

She holds his eyes a beat, realizing. It's the simple truth. She stares at the object, fractured light hitting her face.

ALICIA : It's beautiful.

Nash stares. She is very beautiful, too. Nash fixes his necktie and falls to his knees.

NASH : Alicia, does our relationship warrant long-term commitment? 'Cause I need some kind of proof, some kind of verifiable, empirical data.

Alicia laughs, shakes her head.

내 쉬 : 이 유리의 굴절면에서 무지개 빛이 발산돼. 유
리 안을 들여다보면 볼 수 있어…….

앨리샤 : (속삭인다.) 모든 색을.

그녀는 찌푸리며 그를 바라본다.

내 쉬 : 모든 색을 볼 수 있어. 색이 다양해서 신은 화
가임에 틀림이 없다고 주지사님 댁에서 말했
던 거 기억 나? 그렇게 말했었어.

앨리샤 : 듣고 있는 줄 몰랐어요.

내 쉬 : 난 항상 귀담아 들어.

그녀는 잠시 그의 시선을 받으며 눈치를 챈다. 그것은 진정한 진실이다.
그녀가 그 물건을 바라보는데 빛이 그녀의 얼굴에 부딪치면서 부서진다.

앨리샤 : 아름다워요.

내쉬가 응시한다. 그녀 또한 정말 예쁘다. 넥타이를 매만지고 나서, 내쉬
가 무릎을 꿇는다.

내 쉬 : 앨리샤, 우리의 관계가 장기간 보장될까? 왜냐
하면 나에겐 어떤 증거나 증명이 가능한 자료
가 필요해.

앨리샤는 머리를 가로저으며 웃는다.

■ refractive
굴절하는, 굴절력이 있는.

■ full wavelength dispersal
무지개 빛(모든 파장의 분산).

■ commitment
서약, 약속, 언질.

■ verifiable
증명할 수 있는, 증언할 수 있는.

■ empirical
실증의, 실험의.

Nash falls to his knees.
내쉬가 무릎을 꿇는다.
• fall to one's knees
무릎을 꿇다, 무릎을 꿇고 탄원하다.

Nash falls to his knees.

내쉬가 무릎을 꿇는다.

ALICIA   : I'm sorry, just give me a moment to redefine my girlish notions of romance. (smiles wryly) A proof? Verifiable data. Um... okay. Well, how big is the universe?

NASH   : Infinite.

ALICIA   : How do you know?

NASH   : I know because all the data indicate it.

ALICIA   : But it hasn't been proven yet?

NASH   : No.

ALICIA   : You haven't seen it.

NASH   : No.

ALICIA   : How do you know for sure?

NASH   : I don't. I just believe it.

ALICIA   : Mmm, it's the same with love, I guess.

Nash stares at Alicia.

ALICIA   : Now, the part that you don't know, is if I want to marry you.

Hold on Nash. That really hadn't occurred to him. He blanches.

50. EXT. WEDDING RECEPTION. DAY. WINTER
Bender, Sol and a few of Alicia's friends hurl rice as John and Alicia emerge. The couple poses while folks snap pictures.

PHOTOGRAPHER #2 : Smile for the camera!

MAN #1   : Well done.

앨리샤 : 미안해. 그게 로맨틱한 청혼이었는지 판단할
       시간 좀 줘요. (씁쓸하게 웃는다.) 증거? 증명할 수
       있는 자료. 음… 좋아. 우주가 얼마나 커요?

내 쉬 : 무한해.

앨리샤 : 그걸 어떻게 알아요?

내 쉬 : 모든 자료들을 보면 알아요.

앨리샤 : 하지만 아직 입증이 안 되었잖아요.

내 쉬 : 아직 안 되었지.

앨리샤 : 본 적도 없잖아요.

내 쉬 : 본 적도 없지.

앨리샤 : 그런데 어떻게 확신해요?

내 쉬 : 모르지만 그냥 믿을 뿐이야.

앨리샤 : 사랑도 똑같다고 생각해요.

내쉬가 앨리샤를 응시한다.

앨리샤 : 지금 당신이 알고 싶은 건 내가 당신과 결혼을
       하고 싶으냐겠죠?

내쉬에게 계속 초점. 그것은 정말로 그에게 일어나지 못했던 일이었다.
그는 얼굴이 창백해진다.

50. 외부. 결혼 리셉션. 낮. 겨울
벤더, 솔 그리고 몇 명의 앨리샤 친구들이 존과 앨리샤가 나타나자 그들
에게 쌀을 던진다. 사람들이 사진을 찍을 때 그들 부부는 포즈를 취한다.

사진사 2 : 카메라를 보고 웃어요.

남자 1 : 아주 좋아요.

■ redefine
  (개념)을 재정의하다.

■ emerge
  나타나다, 출현하다.

Smile for the camera.
카메라를 보고 웃어요.
보통은 'Say cheese!'라고 말한다. 사
진을 찍을 때 '치즈'라고 말하며 웃는
데서 생긴 표현이다.

Smile for the camera.
카메라를 보고 웃어요.

Alicia hugs her mother and sister and Nash shakes hands with some people.

ALICIA'S MOTHER : Oh, sweet pea.

SOL : Congratulations.

Nash hugs Sol.

NASH : Hey, Sol.

WOMAN #1 : You look beautiful.

Just then Nash notices a figure sitting in his car a few feet off on the edge of the affair. Parcher.

SOL : Hi, how are you?

ALICIA : Hey, Sol.

WOMAN #1 : Bye, bye.

MAN #1 : Bye, now.

PEOPLE : Bye! Bye! Be safe!

Title: CAMBRIDGE, MA. OCTOBER 1954

51. EXT. CAMBRIDGE STREET. NIGHT

NASH'S WRIST—CLOSE. In the glow of the blue light, a new set of numbers shine through the skin. Nash punches in the codes, pushes open the gate and drops a new sealed Wheeler envelope into the slot. He walks out of the door. A screeching of tires. Car headlights turn onto the street. Nash stands frozen, the car bearing down on him. Suddenly the car screeches to a halt. A figure is shouting from the driver's seat.

PARCHER : Get in. Hurry.

앨리샤가 엄마와 언니를 포옹 하고, 내쉬는 몇 사람과 악수를 한다.

앨리샤의 어머니 : 오, 사랑스런 내 딸.
솔 : 축하해요.

내쉬는 솔과 포옹한다.

내 쉬 : 안녕, 솔.
여자 1 : 너무 이뻐요.

바로 그때 내쉬는 결혼식 변두리에서 좀 떨어진 곳에 차를 세우고 앉아 있는 한 인물을 목격한다. 파처다.

솔 : 안녕하세요?
앨리샤 : 안녕, 솔.
여자 1 : 잘 가요, 잘 가.
남자 1 : 잘 가요.
사람들 : 잘 가요! 안녕! 안전한 여행되세요!

자막: 1954년 10월 매사추세츠 캠브리지

51. 외부. 캠브리지 거리. 밤
내쉬의 손목 크로즈업. 푸른 빛이 비치는데 새로운 숫자가 피부에서 빛이 난다. 내쉬는 번호를 눌러서 문을 밀어 열고 새로 봉한 월러 봉투를 우체통 안에 넣는다. 문 밖으로 걸어 나온다. 타이어가 미끄러지는 소리가 나고 차의 전조등이 거리를 향한다. 내쉬는 그 자리에 얼어붙은 듯이 선다. 차가 그를 향해 달려온다. 갑자기 차가 끼익 소리를 내며 선다. 한 사람이 운전석으로부터 소리를 지른다.

파 처 : 타요! 어서!

■ screeching
(자동차 브레이크 등이) 끽끽 소리를 내는.

■ bear down on
…을 급습하다, 밀고 나아가다.

Oh, sweet pea.
오, 사랑스런 내 딸.
물론 여기서 'pea'는 '완두(콩)'을 말한다. 완두콩과 비슷한 크기의 물건을 보고 말하기도 하는데, 이처럼 자신의 자식을 표현하는 말에는 느낌에 따라 여러 가지 단어를 쓸 수가 있다.

Oh, sweet pea.
오 사랑스런 내 딸.

52. INT. PARCHER'S CAR. CANBRIDGE STREET. NIGHT
Parcher guns the engine before Nash's door is even closed.

PARCHER   : They're following us.

NASH   : Who's...? Who's following us?

Nash looks over his shoulder. Out the back windscreen. Another set of headlights screeches around the corner, in close pursuit.

PARCHER   : The drop's been compromised.

A sharp crack. The back window shatters.

PARCHER   : (shouting) Get down. Stay down.

John ducks. Parcher cuts around the corner, slamming John, hard, into the car door. A pursuit car follows and continues firing at Nash and Parcher.

53. EXT. HIGHWAY SUPPORT ARCHES. NIGHT
Parcher's car whips under the arches of an elevated highway. Parcher, still steering with one hand, tosses something onto the seat. A revolver.

PARCHER   : Here, take this.

NASH   : I ain't shooting anybody.

PARCHER   : Take the goddamn gun!

NASH   : No!

PARCHER   : Son of a....

54. EXT. BOSTON STREETS. NIGHT
The pursuit car is gaining. A shadowy figure leans out of the passenger side window, gun in hand. He fires.

52. 내부. 파처의 차. 캠브리지 거리. 밤

파처는 내쉬가 문을 채 닫기도 전에 엔진을 급히 밟는다.

파 처 : 미행하는 사람이 있어요.

내 쉬 : 누가? 누가 우릴 미행하죠?

내쉬는 그의 어깨너머로 본다. 뒤 창문 밖으로 또 하나의 전조등을 켠 차가 코너를 급히 돌아나오며 가까이 추적을 한다.

파 처 : 우체통이 들통 났소.

우지직 소리가 나며 자동차 뒤의 유리창이 깨지며 산산 조각이 난다.

파 처 : (소리를 치며) 머리를 숙여요. 그대로 있어요.

존은 몸을 숙인다. 파처가 코너를 급히 돌자 존이 차 문에 세게 부딪힌다. 자동차 한 대가 계속 뒤쫓아오며 내쉬와 파처에게 계속 총을 쏜다.

53. 외부. 고가도로 버팀 아치. 밤

파처의 자동차가 고가도로의 아치 밑으로 돌진한다. 파처가 여전히 한손으로 차를 몰면서 시트에 뭔가를 던진다. 권총이다.

파 처 : 이거, 받아요.

내 쉬 : 나는 아무도 안 쏴요.

파 처 : 잔말 말고 총을 받아요.

내 쉬 : 싫어.

파 처 : 빌어먹을…….

54. 외부. 보스턴 거리. 밤

추적하는 차가 접근한다. 그늘진 모습의 인물이 손에 총을 들고 조수석 창문 밖으로 몸을 내밀어 발포를 한다.

- **shatter**
  산산히 부수다, 박살나다.

- **get down**
  머리를 숙여 엎드리다.

- **stay down**
  엎드린 자세를 유지하다.

- **whip**
  돌진하다, 갑자기 움직이다, 채찍질하다.

- **steer**
  운전하다, 조종하다.

- **revolver**
  (회전식) 연발 권총, 리볼버.

> **The drop's been compromised.**
> 우체통이 들통 났소.
> • compromise
>   위태롭게 하다, 더럽히다, 타협하다.

The drop's been compromised.

우체통이 들통 났소.

55. INT. PARCHER'S CAR. BOSTON STREETS

Another crack. A bullet lodges in the windshield between Nash and Parcher, spider-webbing the glass. Parcher grabs the revolver and tries steering with one hand, shooting out the window with the other. Nash trembles in fear.

56. EXT. BOSTON STREETS. SHORE OF THE CHARLES

Parcher's car turns onto the riverfront, the chase car in close pursuit.

PARCHER   : You stay back. Don't move.

Parcher and the shadowy gunman exchange fire as the two cars race along the moonlit edge of the Charles.

57. INT. PARCHER'S CAR

Parcher spins the wheel, hitting the breaks....

58. EXT. BOSTON STREETS. SHORE OF THE CHARLES

Parcher's car spins broadside. The pursuit car is bearing down on them. Parcher aims out the window and fires, shot after shot. The pursuit car keeps coming. Parcher lets off a final volley, the pursuit car now virtually on top of them. At the last instant, the villains' windshield shatters, the pursuit car skidding off the road and flying, hard, into the water.

59. INT. PARCHER'S CAR

Close on John's eye. Wide with disbelief.

60. EXT. SHORE OF THE CHARLES

Parcher and Nash emerge from their car, watching as the last signs of the sedan are swallowed by the black water.

61. INT. NASH'S APARTMENT. LATE NIGHT

Nash enters. The apartment has changed. A woman's touch.

ALICIA   : John? Hi. Where were you?

NASH   : Sol....

55. 내부. 파처의 차. 보스턴 거리
또 우지직 소리가 난다. 총알이 내쉬와 파처 사이의 앞창문에 박히면서
유리가 거미줄 모양이 된다. 파처가 권총을 들고 한 손으로 운전을 하면
서 유리창 밖으로 상대방과 총격전을 한다. 내쉬는 두려움에 떤다.

56. 외부. 보스턴 거리. 찰스 강가
파처의 차가 강변 지대로 접어든다. 추적하는 차가 가까이 접근한다.

파 처　: 몸을 숙여요. 움직이지 마시오.

두 대의 차가 달빛이 비치는 찰스 강가를 따라 돌진할 때 파처와 어둠에
쌓인 총잡이는 서로 총을 쏜다.

57. 내부. 파처의 차
파처가 브레이크를 밟자 차가 빙 돈다.

58. 외부. 보스턴 거리. 찰스 강가
파처의 차가 크게 빙 돈다. 뒤쫓던 차는 그들을 향해 돌진한다. 파처는
창문을 겨냥하고 계속 총을 쏜다. 쫓아오던 차가 계속 다가온다. 파처가
마지막으로 일제사격을 퍼붓자 추격하던 차는 이제 사실상 그들 위로 나
른다. 마지막 순간에 그 악당의 창문이 산산이 부서지고 추적하던 차는
도로를 미끄러지면서 날아 물 속에 풍덩 빠진다.

59. 내부. 파처의 차
존의 눈 클로즈업. 믿을 수 없어 눈이 커진다.

60. 외부. 찰스 강가
파처와 내쉬가 차에서 나와 그 차가 검은 물 속에 가라앉는 것을 마저
지켜본다.

61. 내부. 내쉬의 아파트. 늦은 밤
내쉬가 집안으로 들어선다. 아파트가 변했다. 여자의 손길이 닿은 것이다.

앨리샤　: 존? 왔군요. 어디 갔어요?

내 쉬　: 솔과…….

- **grab**
  움켜쥐다, 가로채다.

- **riverfront**
  (도시의) 강변 지대.

- **stay back**
  나서지 않다.
  여기서는 '몸이 보이지 않게 자세를 취하
  라'는 의미로 사용되었다.

- **volley**
  일제 사격, 연발.

Where were you?
어디 있었어요?
'Where have you been?' (어디 갔다
왔어요? 지금까지 어디 있었어요?)과
비슷한 표현이다.

Where were you?
어디 있었어요?

He stands there, still, like a ghost.

ALICIA   : Yeah, I talked to Sol. He said you left the office hours
                    ago. Why didn't you call me?

Alicia looks at Nash, watching to see what happened.

ALICIA   : Are you all right?

Nash walks into his study, closes the door and locked it.

ALICIA   : Honey? John.

No answer. She bows her forehead against the door.

ALICIA   : Please, talk to me.

But from beyond the shut portal, only silence.

ALICIA   : Tell me what happened. John, open the door.

She turns to rage. She begins banging on the door. Nash leans against the door,
Alicia's questions cutting like wounds.

ALICIA   : Come on, open the door! Let me in! Talk to me!

Alicia knocks hard on the door.

ALICIA   : John! Open the door!

그가 거기에 서 있는데 여전히 유령과 같은 모습이다.

앨리샤 : 응, 솔과 통화했었어요. 솔이 당신이 몇 시간 전에 사무실에서 나갔다고 했어요. 왜 집에 전화 안 했어요?

앨리샤가 내쉬를 바라보며, 무슨 일이 있었는지 알아보기 위해 얼굴 표정을 살핀다.

앨리샤 : 괜찮아요?

내쉬가 그의 서재로 들어가서 문을 닫고 잠근다.

앨리샤 : 여보? 존.

대답이 없다. 그녀는 문에 자기 이마를 댄다.

앨리샤 : 얘기해 봐요.

하지만 닫힌 문 너머로부터는 단지 침묵만이 흐른다.

앨리샤 : 무슨 일인지 얘기해 봐요. 존, 문 열어요.

그녀는 감정이 격해지면서 문을 두드리기 시작한다. 내쉬는 문에 기댄 채 앨리샤의 질문이 마치 상처처럼 가슴을 아프게 한다.

앨리샤 : 어서 열어봐요! 들어가게 해줘요! 말 좀 해봐요!

앨리샤가 문을 세게 두드린다.

앨리샤 : 존! 문 열어요!

- portal
  정문, 현관, 입구.

- rage
  격노, 분격, 분노, 맹렬.

Tell me what happened.
무슨 일인지 얘기해 봐.
- what
무엇, 어떤 것〔일〕, 무슨 일.
여기서는 'what'이 의문대명사로 쓰였다.

Tell me what happened.
무슨 일인지 얘기해 봐.

62. EXT. MIT. CLASSROOM. DAY

John stands at the window, staring out at the parking row through the blinds. A black sedan pulls up. Two suspicious men in trench coats and hats emerge. NASH—CLOSE. Really nervous. Then two women emerge from the car, followed by their kids. Not hit men, just two families. Wider.

WOMAN #2 : Watch for cars, kids.

63. INT. MIT. CLASSROOM. DAY

John turns to face a classroom full of students, all staring at him with confusion. His eyes are hollow as he moves to his desk, leaving the group of stunned students behind.

64. INT. HALLWAY. WHEELER HEADQUARTERS. MIT. DUSK

Nash pulls his office door closed and is about to lock the door with a key. He turns, practically colliding with Parcher.

PARCHER : John.

NASH : (jumping back) William. (gathering himself) This is not what I signed on for. Every time a car backfires or a door slams.

Parcher nods seems anything but surprised.

PARCHER : I understand, better than you could possibly imagine.

65. INT. NASH'S OFFICE. SUNSET

Parcher's leads Nash back into the office. Shades drawn.

62. 외부. MIT. 교실. 낮
내쉬가 창문 앞에 서서 블라인드를 통해 주차장을 살펴보고 있다. 검은 세단이 다가와 선다. 트렌치 코트와 모자를 쓴 두 명의 수상쩍은 사람이 나타난다. 내쉬 크로즈 업. 정말로 초조하다. 그때 두 여성이 차에서 나온다. 뒤에는 애들이 따른다. 암살자가 아니다. 그냥 두 가족이다. 눈이 더 커진다.

여자 2 : 얘들아, 차 조심해.

63. 내부. MIT. 교실. 낮
존은 돌아서서 학생들로 가득찬 교실을 대한다. 모두가 어리둥절한 채로 그를 바라본다. 그런 학생들을 뒤로 한 채 자기 책상으로 걸어가는 그의 눈은 퀭하다.

64. 내부. 복도.윌러연구소 본부. MIT. 땅거미
내쉬가 자기 사무실 문을 닫는 열쇠로 막 문을 잠그려고 한다. 그는 돌아서다가 실제로 파처와 부딪친다.

파 처 : 존.
내 쉬 : (급히 물러서며) 윌리엄. (가다듬으며) 이건 내가 계약한 것과 다르오. 엔진 소리나 문 닫는 소리가 날때마다 매번 이게됩니까?

파처의 끄덕임은 거의 놀란 모습인 것 같다.

파 처 : 이해합니다. 당신이 상상하는 것 이상으로 알아요.

65. 내부. 내쉬의 사무실. 해질녘
파처가 내쉬를 사무실로 다시 들어가게 한다. 유리창 가리개가 드리워져 있다.

- hit man
  암살자, 〈속어〉 난폭한 사람.
- Watch for cars.
  차 조심해.
- collide
  충돌하다, 부딪히다.
- sign on for
  ~를 서명 계약하다, 서명하여 참가하다.
- backfire
  자동차 엔진 소음이 나다, 역화를 일으키다, 불리한 결과가 되다.
- slam
  문을 꽝 닫다, 털썩 놓다.

Better than you could possibly imagine.
아마도 당신이 상상하는 것 이상일 겁니다.
'possibly'는 긍정문에서 'can'과 같이 쓰여 정중한 의뢰를 나타내며 '어떻게든지, 될 수 있는 한'의 뜻이 된다. 'could'는 완곡한 표현이다.

Better than you could possibly imagine.
아마도 당신이 상상하는 것 이상일 겁니다.

PARCHER : You need to calm down, John. Now listen to me. We're closing in on the bomb, in large part due to your work. Now don't you think your fear is a small price to pay?

NASH : William, my circumstance has changed. Alicia's pregnant.

PARCHER : I told you attachments were dangerous. You chose to marry the girl. I did nothing to prevent it. The best way to ensure everyone's safety is for you to continue your work.

NASH : Well, I'll just quit.

PARCHER : You won't.

NASH : Why would I not?

PARCHER : Because I keep the Russians from knowing you work for us. You quit working for me, I quit working for you.

In the dying light, William turns, heads out the door.

66. INT. MIT. WHEELER HEADQUARTERS. HALLWAY
Nash emerges a bit later, shaking off the shock.

NASH : (shouting) Parcher! Parcher!

Sol emerges from his door and stares at Nash, obviously concerned.

SOL : John, you all right?

But Nash doesn't answer, just stares after Parcher as the front door kisses closed behind him.

파 처	: 존, 진정해요. 들어 봐요. 당신 덕분에 원폭위 치를 찾기 직전이요. 당신의 두려움은 치러야 할 작은 대가일 뿐이잖소?
내 쉬	: 윌리엄, 상황이 달라졌어요. 아내가 임신했소.
파 처	: 누군가에 대한 애착은 위험하다고 말했잖소. 결혼은 당신이 선택했고, 난 막은 적 없소. 모 두가 안전해지는 최선의 길은 당신이 계속 일 하는 거요.
내 쉬	: 난 그만두겠소.
파 처	: 그럴 순 없소.
내 쉬	: 왜 그만둘 수 없다는 거요?
파 처	: 당신이 일한다는 사실을 소련이 모르도록 보호 해왔소. 당신이 협조하지 않으면 나도 당신을 지키지 않을 거요.

희미한 불빛 속에서 파처는 돌아서서 문을 향한다.

66. 내부. MIT. 윌러연구소 본부. 복도
내쉬가 충격을 떨쳐내면서 좀 뒤에 나타난다.

내 쉬   : (소리치면서) **파처! 파처!**

솔이 자신의 문을 열고 나와서 내쉬를 무척 걱정스럽게 본다.

솔   : 존, 괜찮아?

하지만 내쉬는 대답하지 않고 그냥 앞문을 열고 나가는 파처를 응시할
뿐이다.

■ calm down
진정하다, 마음을 가라앉히다.

■ close in
~를 둘러싸다, 포위하다.

■ due to
~ 덕분에, ~ 때문에.

■ circumstance
상황, 상태.

■ attachment
애정, 애착; 부착(물), 부속품.

■ concerned
염려하는, 걱정하는.

Your fear is a small price to pay.
당신의 두려움은 치러야 할 작은 대가
예요.
• price
대가, 희생.

Your fear is a small price to pay.
당신의 두려움은 치러야 할 작은 대가예요.

67. INT. PORCH. NASH'S APARTMENT. LATE NIGHT
Nash sits in the dark, peeking through the blinds. Alicia enters.

ALICIA   : John?

Alicia flicks on the light, standing now in the doorway.

NASH   : (spinning) Turn it off!

We see his face now, unshaven, cheeks hollow, eyes wide.

NASH   : Turn off the light!

He is up, lamp smashing into the wall.

NASH   : Why would you do that? Why would you turn the light on?

ALICIA   : What is wrong with you?

NASH   : You have to go to your sister's. I left the car out the back. You take Commonwealth. No side streets, you stay where it's crowded.

ALICIA   : John. John, I'm not going anywhere!

NASH   : When you get to your sister's, you wait for me to call you.

ALICIA   : No, I'm not going.

NASH   : Just get your things.

67. 내부. 포치. 내쉬의 아파트. 늦은 밤
내쉬가 어둠 속에서 블라인드를 통해 밖을 살펴보고 있다. 앨리샤가 들어온다.

앨리샤 : 존?

앨리샤가 스위치를 딱 하면서 불을 켠다. 그녀는 문간에 서 있다.

내 쉬 : (돌아서며) **불 꺼!**

그의 얼굴은 면도도 하지 않은 채이고 양 볼은 쑥 들어갔으며 눈은 퀭하다.

내 쉬 : **어서 꺼!**

그는 일어나 벽에다 램프를 박살낸다.

내 쉬 : 왜 그랬어? 왜 불을 켰냐고?
앨리샤 : 왜 그러는 거예요?
내 쉬 : 언니 집에 가 있어. 차를 뒤에 두었어. 코먼웰스 길로 가. 큰 길로만 달려. 인파에 섞여서 다녀.
앨리샤 : 존. 존, 난 아무 데도 안 가요.
내 쉬 : 언니 집에 가서 내 전화를 기다려.
앨리샤 : 난 안 가.
내 쉬 : 그냥 짐 챙겨.

■ peek
살짝 들여다 보다, 엿보다.

■ flick
스위치를 딱 움직여 켜다, 휙 지나가다.

What is wrong (with you)?
왜 그러는 거예요?
= What happened?
= What's up?
= What's the matter?

What is wrong (with you)?
왜 그러는 거예요?

ALICIA   : I'm not leaving.

NASH   : Stop! Stop it! Please, Alicia. I'll explain when I can.

Nash slams the door and then goes back to the window.

68. INT. NASH'S BEDROOM
Hold on Alicia, expression indecipherable. Too much time passes. Then she goes to the phone.

Title: HARVARD UNIVERSITY NATIONAL MATHEMATICS CONFERENCE

69. EXT. HARVARD UNIVERSITY. DAY
Nash climbs the steep steps of the mathematics quad. His suit
looks slept in.

MARCEE   : Uncle John! Uncle John!

A small, familiar figure runs up to greet him. She raises her hands high over her head, bares her teeth and looses a savage growl.

NASH   : Hey, baby girl!

He lifts her up in his arms and hugs her, tight, eyes closing against the smell of her small girl's hair. Sets her down.

CHARLES   : Wow, someone needed a hug!

Charles walks over and hugs Nash.

CHARLES   : I saw you on the slate and I thought to myself. "How
                can I miss seeing a guest lecture by the inimitable John
                Nash?"

앨리샤 : 난 안 가.

내 쉬 : 그만! 그만 해! 제발, 앨리샤. 때가 되면 모두 다
말할게.

내쉬가 문을 쾅 닫고 창문으로 돌아간다.

68. 내부. 내쉬의 침실

앨리샤에게 고정. 그녀는 이해할 수 없다는 표정이다. 시간이 경과한다.
그리고는 앨리샤는 전화기가 있는 곳으로 간다.

자막: 하버드 대학교 국립 수학회의

69. 외부. 하버드대학교. 낮

내쉬가 수학과 건물로 들어가는 가파른 층계를 올라간다. 그의 옷은 마
치 입고 잔 듯 보인다.

마 시 : 존 삼촌. 존 삼촌.

자그마하고 낯 익은 모습이 그에게 인사를 하기 위해 달려온다. 그녀는
머리 위로 손을 높이 쳐들고 이를 드러내며 으르렁거리는 소리를 낸다.

내 쉬 : 오, 꼬마 공주님!

그는 어린애를 팔로 안아 높이 쳐들고는 세게 포옹을 한다. 작은 여자 아
이의 머리 냄새를 맡으며 눈을 감는다. 아이를 내려 놓는다.

찰 스 : 와, 포옹에 굶주린 사람 같군!

찰스가 다가와 내쉬를 껴안는다.

찰 스 : 강연자 명부를 보고 생각했지. "어떻게 훌륭한
존 내쉬의 초청 강의를 놓칠 수 있나?"

- **hug**
  꼭 껴안다, 축복하다.

- **slate**
  후보자 명부, (경기) 예정표, 석판.

- **inimitable**
  독특한, 비길 데 없는, 흉내낼 수 없는.

> **I'm not leaving.**
> 난 안 갈 거예요.
> 왕래 발착 동사(come, go, leave,
> arrive 등)는 진행형을 사용해서 미래
> 를 표현하기도 한다. 따라서 이 문장은
> 'I'll not leave.'와 같은 표현이다.

I'm not leaving.
난 안 갈 거예요.

Nash's smile is weak.

CHARLES : What's wrong?

NASH : I got myself into something. I think I might need some help.

CHARLES : (darkening) Well, now you tell me, what is it?

John looks like he's about to speak. Then....

STUDENT #2 : (V. O.) Professor Nash. Welcome!

A graduate student is crossing the courtyard, beckoning him towards the open door of the main mathematics building.

NASH : After?

Before Charles can stop him, Nash heads inside.

70. INT. LECTURE HALL. HARVARD UNIVERSITY
Nash stands on stage, a blackboard scrawled with numbers behind him. He is speaking, staring out into the audience.

NASH : So we see that the... the zeroes of the Riemann Zeta function, correspond to singularities in space-time... singularities in space-time... and conventional number theory.... It breaks down in the face of relativistic exploration.

Nash's voice trails off. Just then a couple of men have entered the upper balcony, wearing overcoats and hats.

내쉬의 미소는 약하다.

찰 스   : 왜 그래?

내 쉬   : 곤경에 빠졌어. 도움이 좀 필요한 것 같아.

찰 스   : (어두워지며) 뭔데, 말해 봐.

존은 뭔가 말하려는 것처럼 보인다. 그때……

학생 2   : (목소리) 내쉬 교수님. 어서 오세요!

한 대학원생이 교정을 건너오며 수학과 본부 건물의 열린 문을 향해 내쉬를 손짓으로 부른다.

내 쉬   : 그럼, 나중에?

찰스가 그를 붙잡기도 전에 내쉬는 안을 향해 간다.

70. 내부. 강연장. 하버드 대학교
내쉬가 단상에 서 있고 뒤에 있는 칠판은 갈겨 쓴 숫자로 덮여 있다. 그는 청중을 바라보면서 말을 한다.

내 쉬   : 그래서… 리만 제타함수의 영점은 시공간의 특이점과… 시공간의 특이점과 재래적 수 이론에 해당합니다. 이건 상대성 이론을 연구해도 타당한 답이 안 나옵니다.

내쉬의 목소리가 점점 작아진다. 그때 외투를 입고 모자를 쓴 두 명의 남자가 위 발코니로 들어온다.

- beckon
  손짓해 부르다, 신호하다.

- scrawl
  글씨를 휘갈겨 쓰다, 낙서를 하다.

- Riemann, Georg Friedrich Bernhard
  독일의 수학자(1826~1866).

- correspond
  해당하다, 상응하다, 교신하다.

- space-time (continum)
  시공(時空) 연속체.

- conventional
  재래적인, 전통적인.

- relativistic
  상대론적인, 상대성 이론의, 상대주의의.

- exploration
  탐구, 탐험.

I got myself into something.
곤경에 빠졌어.
  • get into
    어떤 상태로 되다.
  ex) I got him into trouble.
    그를 곤경에 빠뜨렸어.

I got myself into something.
곤경에 빠졌어.

NASH : Sometimes our expectations are betrayed by the numbers. Variables are impossible to assign any rational value....

When Nash notices another man entering the lecture hall, he rushes off the stage and exits. The audience stares in befuddles wonder.

71. EXT. HARVARD MATHEMATICS QUAD. DAY
Nash is running down the main steps when another man appears at the base of the stairway, blocking his way. Nash stops cold.

MAN #2 : Professor Nash!

Nash spins and starts to run on the campus. The man follows him. When Nash is running down the steps, another man appears in front of him.

MAN #2 : Hold it!

ROSEN : Professor Nash? Professor Nash, let's avoid a scene, shall we?

NASH : What do you want?

ROSEN : My name is Rosen, Dr. Rosen. I'm a psychiatrist.

NASH : Forgive me if I don't seem persuaded.

ROSEN : I'd like you to come with me, John. Just for a chat.

NASH : It appears I have no choice.

That's when John hauls off and decks Rosen hard across the face. Bolts towards the street.

ROSEN : Oh~!

내 쉬   : 가끔 우리의 기대는 수에 실망을 합니다. 변수
         를 어떤 유리수로 할당하는 건 불가능합니다.

또 한 남자가 강의실 안쪽으로 걸어 들어오는 것을 보고, 내쉬는 강의를
하다말고 밖으로 황급히 나간다. 청중은 어리둥절한 표정으로 이 광경을
바라본다.

71. 외부. 하버드 대학교 수학 건물. 낮
내쉬가 중앙 계단을 뛰어내려오며 계속해서 달리는데 또 한 남자가 층계
밑에 나타나 길을 막는다. 내쉬는 그 자리에 멈춰 선다.

남자 2   : 내쉬 교수님!

내쉬는 몸을 돌려 캠퍼스를 달리기 시작한다. 그 남자가 뒤를 따른다. 내
쉬가 계단을 뛰어 내려가는데 다른 한 남자가 그 앞에 나타난다.

남자 2   : 거기 서요!
로 젠   : 내쉬 교수님? 내쉬 교수님, 사람들의 이목을 피
         하는 게 어떤가요?
내 쉬   : 원하는 게 뭐요?
로 젠   : 내 이름은 로젠, 로젠 박사입니다. 정신과 의사
         입니다.
내 쉬   : 이해가 되지 않는군요.
로 젠   : 존, 같이 가 주셨으면 합니다. 얘기나 좀 해요.
내 쉬   : 선택의 여지가 없는 것 같군요.

바로 그때 존은 방향을 바꾸어 로젠의 얼굴을 강하게 친다. 그리고는 거
리를 향해 달려간다.

로 젠   : 아!

■ **betray**
배신하다, 무심코 드러내다.

■ **variable**
〈수학〉변수.
↔ constant 상수(常數), 불변수.

■ **psychiatrist**
정신과 의사.

■ **chat**
잡담, 수다.

■ **deck**
때려눕히다(= knock down), 장식을 하
다, ~에 갑판을 대다.

Let's avoid a scene.
사람들의 이목을 피합시다.
• scene
사건 현장, 장소, 장면.

Let's avoid a scene.

사람들의 이목을 피합시다.

The other men are on him in a second. One grabs him, taking Nash rolling down the cement steps before restraining him.

NASH : Help me! Somebody! Somebody! Help me!

Some people walk over to them, confused.

NASH : Get off me!

Rosen approaches, pulling a hypo from a case in his coat.

NASH : I know who you are! I know who you are!

People are watching. At the top of the steps, Charles and Marcee have emerged. John spots them.

CHARLES : No, no, no, no, don't.

NASH : Charles, they're Russians. Charles, they're Russians. Call somebody! Call somebody, Charles. They are Russians.

ROSEN : Steady the leg.

NASH : Get away from me! Stay away from me!

That's when Rosen sinks the needle into Nash's arm.

ROSEN : (gentle) There, now. All better.

Nash's struggling begins to slow as the medication takes effect.

다른 남자들이 순식간에 그를 덮친다. 한 사람은 그를 붙잡고 그를 묶기 전에 시멘트 계단 아래로 그를 끌고 간다.

내 쉬 : 도와줘요. 누구 없어요! 누구, 저 좀 도와주세요.

사람들이 당황한 모습으로 그에게 다가온다.

내 쉬 : 놔!

로젠이 코트의 상자로부터 피하주사기를 꺼내며 다가온다.

내 쉬 : 난 당신이 누군지 알아! 난 당신들이 누군지 알고 있어!

사람들이 지켜본다. 층계 위에 찰스와 마시가 나타났다. 존은 그들을 본다.

찰 스 : 안 돼, 안 돼, 그러지 마.
내 쉬 : 찰스, 소련 사람이야. 찰스, 소련 놈이야. 신고 해요! 찰스, 신고해! 소련 놈들이야.
로 젠 : 다리를 잡아.
내 쉬 : 이거 놔! 저리 꺼져!

바로 그때 로젠이 내쉬의 팔에 주사를 놓는다.

로 젠 : (부드럽게) 이제 됐어. 한결 나을 거요.

약의 효과로 내쉬의 몸부림이 둔해지기 시작한다.

- **sink**
  투입하다, 가라앉다, 하락시키다.

- **needle**
  피하 주사기, (주사) 바늘.

- **struggle**
  버둥거리다.

- **medication**
  약물 투약, 약물 치료.

- **take effect**
  효과〔효험〕가 있다.

Get off me!
놔!
- get off
  ~에서 떨어지다, ~에서 내리다, ~를 벗다.
ex) Get off the grass.
   잔디에 들어가지 마시오.

Get off me!
놔!

ROSEN   : (to the crowd) Everything's all right here.

The two men stuff John into the back of the car as Rosen climbs in next to the driver.

MAN #2   : Watch your head.

72. INT. SEDAN
Nash stares out the window at Charles holding Marcee in his arms.

73. INT. OFFICE. EVENING
Nash-POV. Darkness. The light through the blinks of slowly opening eyes reveal Rosen's peering face.

ROSEN   : (V.O.) John? John? Can you hear me?

Nash blinks and tries to sit up straight. No luck. His hands are bound.

ROSEN   : Go easy now. Thorazine takes a little while to wear off. Sorry about the restraints. You've got one hell of a right hook.

NASH   : Where am I?

ROSEN   : McArthur Psychiatric Hospital.

NASH   : I find that highly unlikely. You made a mistake. My work is non-military in application.

John stares at him a beat.

ROSEN   : Which work is that, John?

NASH   : I don't know anything.

로 젠 : (군중에게) 이제 다 됐습니다.

두 남자는 존을 차 뒤에 틀어넣고, 로젠이 운전석 옆에 탄다.

남자 2 : 머리, 조심하세요.

72. 내부. 세단
내쉬는 찰스가 마시를 팔에 안고 있는 것을 창 밖으로 바라본다.

73. 내부. 사무실. 저녁
내쉬의 시각. 어둠. 천천히 눈을 깜박이며 눈을 뜨자 빛에 로젠이 바라보고 있는 얼굴이 드러난다.

로 젠 : (목소리) 존, 존, 제 말 들립니까?

내쉬가 눈을 깜박이며 똑바로 앉으려고 한다. 가망이 없다. 그의 손이 묶여 있다.

로 젠 : 가만히 계세요. 약효가 떨어지려면 시간이 좀 걸려요. 묶어서 죄송해요. 오른쪽 주먹이 아주 세더군요.
내 쉬 : 여기가 어디죠?
로 젠 : 맥아더 정신병원입니다.
내 쉬 : 그런 것 같지 않소. 당신이 잘못한 거요. 내 일은 군사 분야가 아니오.

존이 잠시 그를 바라본다.

로 젠 : 존, 어떤 일이죠?
내 쉬 : 난 아무 것도 몰라요.

- **go easy**
  편안하게 하다, 서두르지 않다.

- **wear off**
  점차로 사라지다, 차츰 없어지다.

- **restraint**
  속박, 감금, 제지.

- **one 〔a, the〕 hell of a(n)**
  굉장한, 대단한, 지독한.

- **hook**
  〈속어〉 손, 갈고리, 낚싯바늘.

Where am I?
여기가 어디죠?
우리 말을 영어로 직역하면 'Where is here?'가 되지만 이는 잘못된 표현으로 '내가 어디에 있느냐?'로 표현한다.

Where am I?
여기가 어디죠?

Rosen's smile I just a little too kind.

ROSEN　　　: There's no good in keeping secrets, you know.

John jumps up, tries for the door. But he goes down, hard. His ankles have restraints around them too. Rosen walks to the desk and presses the buzzer on it. John looks up from the floor. Sitting on a window seat in the corner is a single figure. Charles, staring at him sadly.

NASH　　　: Charles? Charles?

But his old friend says nothing, just sits there.

NASH　　　: I didn't mean to get you involved in this. I'm... I'm sorry. Charles?

Charles remains silent.

NASH　　　: (shouting) The prodigal roommate revealed! "Saw my name on the lecture slate." You're lying son of a bitch!
ROSEN　　　: Who are you talking to? Tell me who you see.
NASH　　　: How do you say, "Charles Herman" in Russian? How do you say it in Russian?
ROSEN　　　: There's no one there, John. There's no one there.
NASH　　　: He's right there. He's right there.

Two burly orderlies enter. They begin dragging him out the door. Charles stares at him sadly from the doorway.

로젠의 미소는 좀 더 친절하다.

로 젠 : 비밀을 간직하는 게 좋은 일만은 아니예요.

존이 벌떡 일어나 문을 향해 가려고 한다. 하지만 그는 세차게 다시 쓰러 진다. 그의 발목 또한 묶여 있는 것이다. 로젠이 책상으로 걸어가 부저를 누른다. 존이 바닥에서 위를 쳐다본다. 구석 자리의 창가에 한 사람이 앉아 있다. 찰스가 내쉬를 슬픈 얼굴로 바라보고 있다.

내 쉬 : 찰스? 찰스?

하지만 그의 옛 친구는 아무 말도 없이 그냥 거기에 앉아 있다.

내 쉬 : 여기에 자네를 개입시킬 생각이 없었어. 미안 해. 찰스?

찰스는 계속 침묵을 지킨다.

내 쉬 : (소리를 지르며) 방탕한 룸메이트가 나타났다구? "강연자 명부에서 내 이름을 봤다고?" 이 거짓 말쟁이!
로 젠 : 누구와 얘기하고 있죠? 보이는 사람을 말해봐 요.
내 쉬 : "찰스 허만"이 소련말로 뭐야? 소련말로 뭐야?
로 젠 : 거긴 아무도 없어요, 존. 아무도 없어요.
내 쉬 : 바로 저기에 있어요. 바로 저기에 있잖아요.

두 명의 건장한 잡역부가 들어와서 내쉬를 문 밖으로 끌고 간다. 찰스는 문간에서 슬픈 표정으로 그를 바라본다.

- **reveal**
  나타나다, 드러나다.

- **lecture**
  강의, 설교.

- **lying**
  거짓말하다, 속이다.

- **son of a bitch**
  개자식, 치사한 놈.

There's no good in keeping secrets.
비밀을 간직하는 게 좋은 일은 아니오.
- keep a secret
  비밀을 지키다.

There's no good in keeping secrets.
비밀을 간직하는 게 좋은 것은 아니오.

74. INT. HALLWAY
The orderlies are dragging John down the hallway.

NASH : Stop! I don't know anything! Stop! I... I don't know anything. My name is John Nash. I'm being held against my will. Somebody call the Department of Defense. My name is John Nash. I'm being held against my will!

And he is gone.

74. 복도. 내부
잡역부들은 복도 아래로 존을 끌고 간다.

내 쉬 : 놔 줘. 난 아무것도 몰라. 놓지 못해! 나는… 나는 아무 것도 몰라. 내 이름은 존 내쉬요. 강제로 갇혀 있어요. 국방부에 연락해줘요. 내 이름은 존 내쉬야. 난 강제로 끌려 왔단 말야!

그리고 그는 사라진다.

■ against my will
내 의지와는 다르게.

■ the Department of Defense
국방부.
  cf. the Department of State
    국무부.
  cf. the Department of Agriculture
    농무부.
  cf. the Department of Commerce
    상무부.
  cf. the Department of Education
    교육부.
  cf. the Department of the Interior
    내무부.

A Wedding

결혼

존 내쉬는 시간가는 줄도 모르고 자기 일에 몰두하다 앨리샤와의 데이트 장소에 늦게 나오게 된다. 생일을 맞은 앨리샤에게 시간이 없어서 포장도 하지 못한 생일 선물을 준 뒤, 결혼 프로포즈를 한다. 마음의 문을 굳게 닫고 지내던 천재 내쉬는 마음의 문을 열고 행복한 결혼에 골인하게 된다. 모든 것이 순조롭게 풀려나가는 듯하지만, 행복과 성공의 나날은 그리 오래가지 못하고 어렵게 시작한 결혼 생활에 곧 위기가 닥치게 된다.

존 내쉬는 앨리샤와 결혼을 한 후인 1954년에도 윌리언 파처의 프로젝트를 비밀리에 수행하여 암호를 해독한 것을 비밀 우편함에 집어넣는다. 아내에게 끝까지 자신의 일을 비밀로 하지만, 냉전 시대의 덫에 걸려 소련 스파이가 자신을 미행한다는 생각에 점점 사로잡히게 되고 목숨의 위협을 느낀다. 마침내 암호 해독한 봉투를 비밀 우편함에 집어넣은 뒤 소련 스파이들에게 쫓기는 신세가 된다.

목숨의 위협을 느낄 정도로 불안한 존 내쉬는 강의를 하러 강의실에 들어갔다가 소련 스파이가 자신을 미행한다는 생각에 사로잡혀 강

의를 못하고 나온다. 내쉬는 불안한 마음으로 퇴근을 하려다 파처를 다시 만나 파처로부터 스파이로 암호 해독하는 일을 계속해야 한다고 강요를 받는다. 누군가 자신을 미행하고 있다는 불안한 마음은 계속되고 아내 앨리샤에게 언니 집에 가있으라는 권유를 하게 된다.

하버드 대학교에서 국립 수학학회가 있어서 존 내쉬가 강연자로 연설을 하러 가다 룸메이트 찰스와 마시를 만나자, **천재의 영혼은 빛을 잃어 정신 분열증이 점점 깊어 진다.** 소련이 자기 자신을 추적하고 있다는 망상과 환청에 시달리며, 결국 하버드 대학교 강연장에서 강의 도중에 밖으로 뛰쳐나와 정신병원 의료진에게 붙잡혀 정신병원으로 끌려가게 된다.

Chapter 7

Mental Illness

정신병

정신병

Mental Illness

75. EXT. MACARTHUR HOSPITAL. DAY
Steepled brick building situated on resplendent browning lawns. Folks wander like ghosts. A sprawling palace of the mad.

76. INT. MACARTHUR HOSPITAL. CELL. DAY
John Nash sits on a cot in a cell.

77. INT. MACARTHUR HOSPITAL. HALLWAY
Alicia stands watching Nash through the window of his cell. She turns now, eyes red, to face Rosen.

ALICIA	: What's wrong with him?
ROSEN	: John has schizophrenia. People with this disorder are often paranoid.
ALICIA	: But, but his work.... He deals with conspiracies.
ROSEN	: Yes, yes, I know.

Rosen takes a beat, begins walking her down the hallway.

75. 외부. 맥아더병원. 낮
찬란한 갈색 잔디 위에 서 있는 철탑 벽돌 건물. 환자들이 마치 유령처럼 배회한다. 불규칙하게 흉하게 뻗어 있는 광인들의 궁전이다.

76. 내부. 맥아더병원. 병실. 낮
존 내쉬는 한 병실의 간이 침대에 앉아 있다.

77. 내부. 맥아더병원. 복도
병실 창문을 통해 앨리샤가 내쉬를 서서 보고 있다. 이제 그녀는 눈이 충혈된 채 로젠을 보기 위해 돌아선다.

앨리샤　: 뭐가 문제지요?
로 젠　: 존은 정신 분열증을 앓고 있습니다. 이런 증세
　　　　를 지닌 사람들은 과대 망상증이 자주 나타나
　　　　지요.
앨리샤　: 하지만 제 남편의 일은… 국가 기밀이에요.
로 젠　: 네, 네, 압니다.

로젠은 잠시 멈춘 후 그녀를 복도 아래로 안내하기 시작한다.

■schizophrenia
　정신 분열증.

■paranoid
　과대 망상적인, 편집증의.

■conspiracy
　음모, 공모.

ROSEN : In John's world, these behaviors are accepted, encouraged. As such, his illness may have gone untreated far longer than is typical.

ALICIA : What do you mean? How long?

ROSEN : Possibly since graduate school. At least that's when his hallucinations seem to have begun.

ALICIA : What are you talking about? What hallucinations?

ROSEN : One, so far, that I am aware of. An imaginary roommate named Charles Herman.

Alicia looks at Rosen like he's the crazy one.

ALICIA : Charles isn't imaginary. He and John have been best friends since Princeton.

ROSEN : Have you ever met Charles? Has he ever come to dinner?

Rosen holds her gaze, watches her glimpse then discard the panic.

ALICIA : He's always in town for so little time, lecturing.

ROSEN : Was he at your wedding?

ALICIA : He had to teach.

ROSEN : Have you ever seen a picture of him, talked to him on the telephone?

ALICIA : This is ridiculous.

But her words carry more conviction than her eyes. She stops.

로 젠 : 남편의 분야라면 저런 행동이 용납되고 권장될 법도 하지요. 그래서 일반 환자보다 오랫동안 치료를 받지 않은 채 방치되어 왔어요.

앨리샤 : 무슨 의미죠? 얼마나 오랫동안?

로 젠 : 아마 대학원 시절부터인 것 같습니다. 적어도 그때부터 환각이 시작된 것 같습니다.

앨리샤 : 무슨 말씀이시죠? 무슨 환각이요?

로 젠 : 현재까지 파악된 환각은 하나예요. 찰스 허만 이라는 상상 속 룸메이트죠.

앨리샤는 마치 그가 미친 사람인 것처럼 로젠을 바라본다.

앨리샤 : 찰스는 가상 인물이 아니에요. 프린스턴 시절 부터 존의 가장 친한 친구예요.

로 젠 : 찰스를 만난 적이 있습니까? 식사를 하러 온 적 은?

로젠은 그녀의 시선을 고정시키며 그녀가 흘끗 보고서는 공포를 떨쳐 버리는 것을 지켜본다.

앨리샤 : 그는 항상 강의를 하러 잠깐씩 왔었어요.

로 젠 : 결혼식에는 왔었나요?

앨리샤 : 강의 때문에 못 왔지요.

로 젠 : 찰스의 사진을 보거나, 내쉬가 찰스에게 전화 통화를 하는 걸 본 적이 있나요?

앨리샤 : 이건 말도 안 돼요.

하지만 그녀의 말은 자신의 눈보다 더 큰 확신을 지니고 있다. 그녀는 멈춘다.

■ untreat
치료하지 않다, 대접하지 않다.

■ far
훨씬, 매우, 크게.
ex) far better
훨씬 좋은.
• far different
너무 다른.

■ hallucination
환상, 망상, 환각.

■ so far
지금까지, 여기까지.

■ ridiculous
엉뚱한, 우스운, 어리석은.

He and John have been best friends since Princeton.
그와 찰스는 프린스턴 시절부터 가장 친한 친구로 지내왔어요.
원칙적으로 'since'가 있을 경우에는 현재완료형을 쓴다. 물론 뒤에는 과거형이 올 때가 많다.

He and John have been best friends since Princeton.

그와 찰스는 프린스턴 시절부터 가장 친한 친구로 지내왔어요.

ROSEN   : I phoned Princeton. According to their housing records, John lived alone. Now, which is more likely, that your husband, a mathematician with no military training, is a government spy fleeing the Russians...

ALICIA   : You're making him sound crazy.

ROSEN   : ...or that he has lost his grip on reality?

Alicia purses her lips as if starting to speak, not sure what to say.

ROSEN   : Now the only way I can help him is to show him the difference between what's real and what is in his mind. Come on.

He starts walking again.

ROSEN   : What's he been working on?

ALICIA   : His work is classified.

ROSEN   : He mentioned a supervisor by the name of William Parcher. Maybe Mr. Parcher can clarify things for us. But I can't get to him without clearances.

Alicia stops, eyes narrowing with suspicion.

ALICIA   : You want me to help you get the details of my husband's work?

Rosen's sudden smile seems forced.

로 젠 : 프린스턴에 전화로 확인해봤어요. 기숙사 자료에 의하면 존은 독방을 썼어요. 더 설득력 있는 건, 당신의 남편은 군대 경력이 없는 수학자인데 정부의 스파이로서 소련을 탈출…

앨리샤 : 남편이 미쳤단 말이군요?

로 젠 : …아니면 현실을 인식하지 못하는 거지요.

앨리샤는 뭐라고 말할지를 확신하지 못한 채 마치 말을 시작하려는 듯이 입술을 오므린다.

로 젠 : 제가 도울 수 있는 건 남편께, 뭐가 현실이고 뭐가 환상인지 그 차이를 인식시켜주는 겁니다. 이리로 오세요.

그는 다시 걷기 시작한다.

로 젠 : 남편은 지금까지 어떤 일을 하고 계시는 거죠?

앨리샤 : 그의 일은 극비입니다.

로 젠 : 그는 윌리엄 파처라는 이름의 감독관을 언급했어요. 파처씨가 확실한 해답을 줄 수 있을 것 같기도 한데. 하지만 난 승인 없이는 파처씨를 만날 수가 없어요.

앨리샤는 의심으로 눈을 가늘게 뜬 채 멈춘다.

앨리샤 : 남편이 했던 일의 세부 사항을 제가 알아오기를 원하시나요?

로젠의 갑작스런 미소는 억지 웃음인 것처럼 보인다.

■ flee
달아나다, 도망치다.

■ grip
파악력, 이해력, 지배력, 꽉 잡음.
ex) She has a good grip on it.
   그녀는 그 일을 잘 파악하고 있다.

■ clarify
명확하게 하다, 분명하게 하다.

His work is classified.
그의 일은 극비예요.
• classify
   (공문서를) 기밀 취급하다, 분류하다, 등급으로 나누다.

His work is classified.
그의 일은 극비예요.

ROSEN   : John thinks I'm a Russian spy. Is that what you think?

Alicia is silent. Holds Rosen's eyes.

78. EXT. WHEELER HEADQUARTERS. MIT. MORNING
Alicia is moving towards the main building, a woman on a mission, Sol and Bender trailing behind.

BENDER   : What did the doctor say?

SOL   : Is he sick?

ALICIA   : I don't know. I want to see what John's been working on.

SOL   : Alicia, you know you can't go in his office.

BENDER   : It's classified. Alicia. Stop.

What she does now is extraordinary. She slaps Bender across the face. Alicia and bender stand staring at each other, stunned. She goes into the building.

79. INT. NASH'S OFFICE. WHEELER. MIT. MOMENTS LATER
Alicia pushes open the door. The walls, ceiling and windows are covered with scrawled magazine and newspaper clippings. The work is, without question, bizarre, perhaps even mad.

ALICIA   : Oh, my God. Oh, my God.

She moves along the wall, staring at John's work.

ALICIA   : Why didn't you say something?

SOL   : Alicia, John's always been a little weird.

로 젠 : 존은 저를 소련 스파이로 생각하고 있습니다. 그렇게 생각하세요?

앨리샤는 말이 없다. 로젠의 눈을 고정시킨다.

78. 외부. 윌러연구소 본부. MIT. 아침
앨리샤가 마치 임무를 띤 여자처럼 중앙 건물로 들어가고 있고, 솔과 벤더가 뒤따르고 있다.

벤 더 : 의사가 뭐라고 해요?
솔 : 존이 아파요?
앨리샤 : 모르겠어요. 존이 어떤 일을 했었는지 알아봐야겠어요.
솔 : 앨리샤, 존 사무실에 들어갈 수 없다는 거 알잖아요.
벤 더 : 극비예요. 앨리샤. 멈춰요.

이제 그녀가 하는 일은 도를 넘어섰다. 앨리샤가 벤더의 빰을 때린다. 앨리샤와 벤더는 어안이 벙벙한 채 서서 서로를 노려본다. 그녀는 건물 안으로 들어간다.

79. 내부. 내쉬의 사무실. 윌러연구소. MIT. 잠시 후
앨리샤가 문을 밀고 들어온다. 벽과 천장, 그리고 창문은 휘갈겨 쓰여진 잡지와 신문 조각들로 덮여져 있다. 그 모습은 의심할 나위 없이 괴상하고 아마도 미친 상황이기까지 하다.

앨리샤 : 세상에. 어쩜.

그녀는 벽을 따라 움직이면서 존이 한 일을 응시한다.

앨리샤 : 왜 아무 말도 안 했죠?
솔 : 앨리샤, 존은 항상 좀 이상했어요.

■ trailing
~의 뒤를 쫓아가며, (질질) 끌며 가면서.
여기서는 앨리샤가 앞서고 솔과 벤더가
뒤따라가는 것을 의미한다.

■ slap
찰싹 때리다, 세게 치다.

■ scrawl
휘갈겨 쓰다.

Is that what you think?
그게 당신이 생각하는 겁니까?
즉 이 문장은 'Do you think so?'와 유사한 표현이 된다.

Is that what you think?
그게 당신이 생각하는 겁니까?

BENDER : He said he was doing codebreaking, that it was eyes-only.

SOL : Top secret, part of the military effort.

ALICIA : Was he?

SOL : Well, it's possible, you know? Directives come down all the time that some of us aren't cleared for. It was possible.

BENDER : Possible, but not likely. Lately, he'd become so much more agitated and then when you called....

ALICIA : So, is this all he's been doing every day? Cutting out magazines?

BENDER : Well, not all.

80. EXT. MANSION. CAMBRIDGE STREET. DAY
Alicia stops her car in front of the mansion. The same house we've seen before. And terribly different. Broken windows. Dilapidated side boards. Long ago deserted. She steps out and walks to the front gate. The remains of an aging lock pad hangs by wires. Broken. She pushes the gate, creaking, open. An old mailbox sits ahead. A rusting pad lock hangs at its base. It does not open. She looks up at the empty house.

81. INT. COMMON ROOM. MACARTHUR HOSPITAL. EVENING
Alicia sits alone, uncomfortable. Other patients at other tables. Vacant stares. Alicia's eyes go to an opening door. John enters, escorted by an orderly. She walks over to him and hugs him tight.

ALICIA : (sobbing) I'm so sorry.

The pain on her face is palpable.

벤 더 : 암호를 해독한다고 했어요. 그게 기밀이었어요.

솔 : 1급 비밀인데 국방부의 기밀이라고.

앨리샤 : 그래요?

솔 : 사실일 겁니다. 우린 빼고 존에게 항상 직통으로 연락이 왔어요. 가능했겠죠.

벤 더 : 가능하지만 확실하지는 않아요. 최근에는 아주 더 많이 불안해하고 당신이 전화를 걸었을 때도……

앨리샤 : 그러니까 이거 존이 매일 하는 일 전부인가요? 잡지 오려내는 것?

벤 더 : 그게 전부는 아니예요.

80. 외부. 저택. 캠브리지 길. 낮

앨리샤가 저택 앞에 차를 세운다. 전에 본 집이다. 그런데 아주 달라져 있다. 창문은 깨어지고 옆 판자들은 다 황폐해졌다. 오래 전에 버려진 흉가다. 그녀는 차에서 내려 정문으로 간다. 오래된 자물쇠 뭉치의 잔해가 전선줄로 걸쳐 있다. 다 부서진 상태다. 그녀가 문을 밀자 삐꺽거리며 열린다. 앞쪽에 오래된 우체통이 있다. 녹이 쓸고 있는 자물쇠 꾸러미가 아래쪽에 걸려 있다. 문은 열리지 않는다. 그녀는 빈 집을 올려다 본다.

81. 내부. 면회실. 맥아더병원. 저녁

앨리샤가 혼자 앉아 있는데 마음이 불편하다. 다른 테이블에는 다른 환자들이 앉아 있다. 멍한 시선들. 앨리샤의 눈이 열린 문을 향한다. 잡역부의 안내를 받으며 존이 들어온다. 앨리샤는 내쉬에게 다가가서 그를 힘껏 끌어안는다.

앨리샤 : (흐느끼며) 미안해.

그녀 얼굴에 나타난 고통은 역력하다.

■ codebreaking
암호 해독.

■ directive
지시, 작전 명령, 지령.

■ clear for
허가를 받다, 승인하다.

■ agitated
초조한, 안절부절못하는.

■ cut (out)
오려내다, 잘라내다.
ex) She cut the advertisement out of the newspaper.
그녀는 신문에서 광고를 오려냈다.

■ common room
(대학의) 교수〔학생〕 휴게실, 환담실.

It was eyes-only.
그게 기밀이었어요.
• eyes-only
최고 기밀의.
복사나 메모를 할 수 없고, 눈으로만 읽을 수 있는 기밀 정보 문서를 의미한다.

It was eyes-only.

그게 기밀이었어요.

NASH   : I missed you.

ALICIA   : I missed you.

NASH   : I have to talk to you.

ALICIA   : Okay.

They sit chairs at the table.

NASH   : Alicia, I've been thinking about it, and I do realize that
              my behavior and my ability to discuss the situation
              with you... must have appeared insane. I left you with
              no other choice. I do understand and I'm truly sorry.

ALICIA   : That's okay.

NASH   : Everything's gonna be all right. Everything's gonna be
              all right. (begins to whisper) We just have to talk quietly.
              They may be listening. There may be microphones.

Alicia bites her lip, tries not to react.

NASH   : I'm gonna to tell you everything now. It's breaking
              with protocol but you need to know, because you have
              to help me get out of here. I've been doing top secret
              work for the government.

Alicia is staring at him, fighting back the tears.

내 쉬 : 보고 싶었어.

앨리샤 : 나도 보고 싶었어요.

내 쉬 : 당신에게 할 얘기가 있어.

앨리샤 : 좋아요.

그들은 테이블 의자에 앉는다.

내 쉬 : 앨리샤, 생각을 많이 해봤어. 내 행동이나 당신과 의논할 수 없었던 상황이 비정상으로 보였을 거야. 당신은 내가 미친 놈으로만 생각이 들 거야. 이해해. 정말 미안해.

앨리샤 : 괜찮아요.

내 쉬 : 모든 게 다 잘 될 거야. 아무 일 없을 거야. (속삭이기 시작한다.) 작은 소리로 얘기해야 돼. 엿들을지도 몰라. 도청기가 있을지도 몰라.

앨리샤는 입술을 깨물며 반응을 보이지 않으려고 애를 쓴다.

내 쉬 : 이제 당신에게 전부 말할 게. 기밀 누설이지만 당신이 여기서 날 빼주려면 알아야 돼. 난 정부를 위해 일급 비밀로 일을 했어.

앨리샤는 나오는 눈물을 참으면서 그를 바라보고 있다.

- microphone
  마이크, (라디오의) 송화기(送話器).

- protocol
  (조약 따위의) 원안, 조서, 의정서.

- get out
  꺼내다, 구해내다.

I missed you.
당신이 보고 싶었어요.
• miss
그리워하다, ~이 없어서 쓸쓸하게 생각하다.
ex) We will terribly miss you if you leave Korea.
당신이 한국을 떠나면 우리는 당신을 무척 그리워할 것입니다.

I missed you.

당신이 보고 싶었어요.

NASH : There's a threat that exists of catastrophic proportions. I think the Russians feel my profile is too high. That's why they simply just don't do away with me. They're keeping me here to try to stop me from doing my work. You have to get to Wheeler. You have to find William Parcher. He can help us.

ALICIA : Stop. Stop. (too loud) Stop!

Alicia gathers herself. Takes a breath.

ALICIA : I went to Wheeler.

NASH : Good, good.

ALICIA : There is no William Parcher.

NASH : Of course there is. I've been working for him.

ALICIA : Doing what? Breaking codes? Dropping packages in a secret mailbox for the government to pick up?

NASH : How could you know that?

ALICIA : Sol followed you. He thought it was harmless.

NASH : Sol followed me?

Alicia has reached into her bag and deposits a stack of gray Wheeler envelopes on the table. All still sealed with John's seal.

ALICIA : They've never been opened. It isn't real. There is no conspiracy, John. There is no William Parcher. It's in your mind. Do you understand, baby? You're sick. You're sick, John.

내 쉬 : 거기엔 치명적인 위협이 있었어. 소련에겐 내가 요주의 인물이야. 그래서 나를 죽이지 못해. 내가 일을 못하게 하려고 여기에 감금했어. 당신이 윌러연구소에 가야 돼. 가서 윌리엄 파처를 찾아. 그가 우리를 도울 수 있을 거야.

앨리샤 : 그만, 그만, (아주 크게) 그만 해!

앨리샤는 곧 진정하고는 심호흡을 한다.

앨리샤 : 윌러연구소에 갔었어.

내 쉬 : 잘했어.

앨리샤 : 윌리엄 파처란 사람은 없어.

내 쉬 : 확실히 있어. 그와 같이 일을 했었어.

앨리샤 : 무슨 일? 암호 해독? 정부가 회수하도록 비밀 우편함에 봉투 넣는 거?

내 쉬 : 그걸 어떻게 알았지?

앨리샤 : 솔이 당신을 따라갔었어. 당신에게 해가 되지는 않는다고 생각했데.

내 쉬 : 솔이 나를 미행했다고?

앨리샤가 자신의 백을 뒤져 회색 윌러 봉투 뭉치를 테이블 위에 올려 놓는다. 전부 여전히 존의 도장으로 봉해져 있다.

앨리샤 : 개봉조차 안 됐어. 사실이 아니야. 음모 같은 건 없어, 존. 파처란 인물은 없어. 당신 환상 속의 인물이야. 이해하겠어, 여보? 당신은 아파. 병에 걸린 거야, 존.

■ catastrophic
파국적인, 파멸의, 대변동의.

■ proportion
비율, 정도.

■ profile
인물평, 인물 소개.

■ do away with
~를 없애다, 제거하다, 죽이다.
ex) You should do away with him.
너는 그를 없애버려야 해.

■ stop someone from -ing
~이 …하는 것을 막다, 그만두게 하다.

■ stack
(쌓아 올린) 더미, 서가, 많음.

You have to get to Wheeler.
당신이 윌러연구소에 가야 해.
• get to
~에게 다가가다, ~에 이르다. ~와 연락이 되다.

You have to get to Wheeler.
당신이 윌러연구소에 가야 해.

Alicia begins to cry, the tears coming now, streaming down her cheeks. Finally she strokes his cheek with her hand, body racked with trembling sobs. Suddenly Nash rises and races out of the room.

ALICIA   : John! John!

82. INT. CORRIDOR. MACARTHUR HOSPITAL. NIGHT
In the hallway a nurse lifts the receiver and announces the emergency situation.

NURSE   : (into phone) Code red. Doctor Rosen. Code red. Observation room two. Dr. Rosen, code red. Observation room two.

83. INT. CELL. MACARTHUR HOSPITAL. NIGHT
Rosen enters with the nurse and some orderlies. He finds Nash, sits in a pool of blood. The flesh on top of John's wrist has been gouged away by his own nails.

ROSEN   : John? John?

Nash holds his wrist in his hand. Blood is spilling through his fingers.

NASH   : The implant's gone. I can't find it. It's gone.

Rosen gently takes John's wrist, stunned. John's eyes are unblinking, shocky.

84. INT. TREATMENT ROOM. MACARTHUR HOSPITAL. DAY
Small. A single gurney sits in the middle of the floor. Two nurses stands by. The door opens. Nash shuffles in wearing hospital clothes followed two orderlies. He lies down on the gurney. Draws up his legs. Leather restraints are pulled tight around his wrists and ankles, his forehead.

앨리샤가 울기 시작한다. 이제는 눈물이 흘러 양볼 아래로 흘러내린다. 마침내 그녀는 손으로 눈물을 닦는다. 온몸은 떨리는 흐느낌으로 잡아 찢긴다. 갑자기 내쉬는 자리를 박차고 일어나 면회실 밖으로 나간다.

앨리샤   : 존! 존!

82. 내부. 복도. 맥아더병원. 밤
복도에서 간호사가 전화로 응급 상황을 알리고 있다.

간호사   : (전화로) 응급 상황. 로젠 박사. 응급 상황. 관찰 2
　　　　　 호실. 로젠 박사, 응급 상황. 관찰 2호실.

83. 내부. 병실. 맥아더병원. 밤
로젠 박사가 간호사와 보조원과 함께 병실 안으로 들어온다. 그는 내쉬가 피범벅이 된 채 앉아 있는 것을 발견한다. 존의 손목 위의 살이 자신의 손톱에 의해 후벼파져 있다.

로 젠   : 존? 존?

내쉬가 손으로 손목을 잡고 있다. 피가 손가락 사이로 흐르고 있다.

내 쉬   : 이식한 게 없어졌어요. 찾을 수가 없어요. 없어
　　　　　 졌어요.

로젠은 놀라서 존의 손목을 부드럽게 잡는다. 존의 눈은 전혀 깜박이지 않으며 쇼크를 받은 상태이다.

84. 내부. 치료실. 맥아더병원. 낮
작은 방. 한 개의 바퀴 달린 침대가 바닥 중앙에 놓여 있다. 두 명의 간호사가 대기하고 있다. 문이 열리고 내쉬가 환자복을 입고 발을 질질 끌고 걷는다. 뒤에는 두 명의 보조원이 따른다. 그는 그 침대 위에 눕는다. 다리를 끌어올린다. 가죽 구속장치가 그의 손목과 발목 주위, 그리고 이마를 꽉 조인다.

- **red (alert)**
  적색 경보, 긴급 비상 사태.

- **observation**
  주시, 관찰, 진찰.

- **wrist**
  손목.

- **implant**
  신체에 이식된 조직, (피부·장기의) 이식.

- **lie down**
  눕다.

- **gurney**
  바퀴 달린 침대〔들것〕.

It's gone.
없어졌어요.
- gone
  'go'의 과거분사로 '사라진, 없어진'의 이미로 형용사 역할을 한다.

It's gone.

없어졌어요.

85. INT. OBSERVATIOB ROOM. MACARTHUR. DAY
Rosen and Alicia watch Nash through a plexi window. Intercut with treatment room.

ROSEN : You see, the nightmare of schizophrenia is not knowing what's true. Imagine... if you had suddenly learned that the people and the places and the moments most important to you were not gone, not dead, but worse, had never been, what kind of hell would that be?

Nurse puts the sedative needle to flesh.

NURSE : Administering insulin.

ORDERLY : 8 : 42 A.M.

Alicia touches the divide, biting back her tears. Nash begins to have a dim consciousness. A beat. The nurse checks Nash's pupil response. His unconscious body arches into the agony of a grand mal seizure. A tube is slid into Nash's nose, pumping sugar water into his stomach. The nurse places a plastic bit in his mouth and holds his head with the both hands. He comes to trembling. Alicia turns away.

ALICIA : How often?

ROSEN : Five times a week for 10 weeks.

86. EXT. PRINCETON CAMPUS. SPRING. 1956

Title: PRINCETON UNIVERSITY 1 YEAR LATER

Trees alive with the lush green of spring. Alicia and Sol walk the familiar paths of campus, pushing a stroller. Alicia seems older. It's her eyes.

85. 내부. 관찰실. 맥아더 병원. 낮

로젠 박사와 앨리샤가 플렉시 유리를 통해서 내쉬를 보고 있다. 치료실과 번갈아 화면이 소개된다.

로 젠 : 아시다시피, 정신 분열증의 심각성은 무엇이 현실인지 모른다는 겁니다. 생각해 보세요. 자신한테 가장 소중한 사람들이나 장소, 순간이… 사라지거나 죽은 게 아니라는 것을 갑자기 알게 된다면, 더 끔찍한 것은 존재한 적조차 없다는 것을 알게 된다면, 그게 얼마나 끔찍하겠소?

간호사가 근육에 안정제 주사를 놓는다.

간호사 : 인슐린 주사 실시.
보조원 : 오전 8시 42분.

앨리샤가 눈물을 억제하면서 창문을 어루만진다. 내쉬는 전전 의식이 몽롱해지기 시작한다. 잠시. 간호사가 내쉬의 동공 상태를 점검한다. 그의 의식이 없는 육체는 간질병의 대발작 고통 속에서 둥글게 굽혀진다. 튜브 하나가 내쉬의 코 속에 넣어지고 그의 위에 설탕물을 퍼넣는다. 간호사가 내쉬의 입 안에 플라스틱 막대를 넣고 머리를 두 손으로 잡는다. 내쉬가 몸을 떤다. 앨리샤는 돌아선다.

앨리샤 : 얼마나 자주 해야 되죠?
로 젠 : 매주 다섯 번 10주 동안.

86. 외부. 프린스턴대학교 캠퍼스. 1956년 봄

자막: 1년 후 프린스턴대학교

나무들이 봄의 탐스런 초록으로 생생하다. 앨리샤와 솔이 유모차를 밀면서 낯익은 캠퍼스를 걷고 있다. 앨리샤는 늙어보인다. 눈이 그렇다.

■ nightmare
악몽, (악몽 같은) 무서운 경험.

■ sedative
진정제, 진정시키는 것.

■ flesh
근육, 육체.

■ administer
(약 따위를) 투약하다, 관리하다, 지배하다.

■ pupil
동공, 눈동자.

■ grand mal
지랄병, 대발작.

■ stroller
(접었다 폈다 하는 4륜) 유모차, 산책하는 사람.

What kind of hell would that be?
그게 얼마나 끔찍하겠소?
• hell
지옥, 저승, 곤경.

What kind of hell would that be?
그게 얼마나 끔찍하겠소?

ALICIA   : John always spoke so fondly of being here at Princeton. And Hansen is running the department now.

SOL   : So he keeps reminding us, and reminding us.

ALICIA   : Yeah. John won't come near the campus, though. I think he's ashamed. (to the baby) Hey. Hey. Want this?

SOL   : So, Alicia, how... how are you holding up?

ALICIA   : Well, the delusions have passed. They are saying with the medication and low stress environment....

SOL   : No, I... I mean, how are you?

There is definitely about her an odd feeling, both strong and fragile, like giant plates of shifting ice.

ALICIA   : I think often what I feel is obligation. Or guilt over wanting to leave. Rage, against John, against God and.... But then I look at him and I force myself to see the man I married. And he becomes that man. He's transformed into someone that I love. And I'm transformed into someone who loves him. It's not all the time, but it's enough.

Alicia smiles. Sol feels amazed at this woman.

SOL   : I think John is a very lucky man, Alicia.

ALICIA   : So unlucky.

앨리샤 : 존은 항상 프린스턴에 대해 애정을 지니고 얘기해요. 한센이 지금 수학과를 맡고 있어요.

솔 : 한센이 계속 그 얘기를 해요.

앨리샤 : 존은 캠퍼스에 오려고 하지 않아요. 창피하게 생각해요. (아기에게) 아가야, 이거 줄까?

솔 : 앨리샤, 어떻게… 어떻게 지내요?

앨리샤 : 환상들이 사라졌어요. 약물 치료를 해야 하고 스트레스가 적은 환경……

솔 : 아니, 당신이 어떻게 지내냐는 뜻이에요.

분명히 그녀에게는 이상한 감정이 엿보인다. 강하기도 하고 연약하기도 한데 마치 이동하는 얼음의 거대한 판 같다.

앨리샤 : 종종 의무감을 느껴요. 아니면 떠나고 싶어하는 것에 대한 죄책감. 존과 신에 대한 분노도 생겨요. 하지만 그를 보면서 내가 선택한 사람이라는 생각을 하려고 노력해요. 그러면 그는 내가 결혼한 사람이 되고. 그는 내가 사랑하는 사람으로 바뀌어요. 그러면 나는 그를 사랑하는 여자가 되지요. 항상 그런 건 아니지만 그 정도로만 얘기하죠.

앨리샤는 웃는다. 솔은 이 여자에 대해 놀라운 감정이 든다.

솔 : 앨리샤, 존은 운이 아주 좋다고 생각해요.

앨리샤 : 운이 아주 나쁜 거지요.

■ fondly
애정을 가지고, 다정하게.

■ run
경영하다, 지휘하다, (상점, 호텔 등이) 영업하다.

■ ashamed
부끄러운, 창피한, 모욕감을 느끼는.
ex) He was ashamed of his dirty clothes.
그는 옷이 더러워서 창피함을 느꼈다.

■ delusion
망상, 잘못된 생각, 기만.

■ obligation
의무, 의리, 채권 관계.

■ guilt
죄책감, 범죄 행위, 유죄.

■ transform
변형시키다, 바꾸다, 변환하다.

How are you holding up?
어떻게 버티세요?
• hold up
버티다, 지탱하다, 떠받치다.

How are you holding up?
어떻게 버티세요?

87. EXT. PRINCETON HOUSE. DAY
Alicia and Sol arrive.

ALICIA   : This is us.

SOL   : This is it? It's nice.

ALICIA   : It's near where I work. (to Nash) John, you've a visitor.

88. INT. PRINSETON HOUSE
Nash sits on the porch of a modest white colonial, working equations over a notepad.
Alicia and Sol enter.

ALICIA   : Hi.

NASH   : Hi.

ALICIA   : I hope it's okay.

Alicia kisses John on the cheek and moves into the house with the baby.

SOL   : (smiling) Hey, chief.

Nash looks up. He seems pale, drawn, as if part of him has gone missing, been
replaced by shadow.

NASH   : Cigarette?

Nash offers Sol a cigarette from his pack.

SOL   : Ah, no, thanks. I quit, actually.

NASH   : Hello.

87. 외부. 프린스턴 집. 낮
앨리샤와 솔이 도착한다.

앨리샤 : 이 집이에요.
솔   : 이거예요? 멋있군요.
앨리샤 : 제가 일하는 직장과 가까워요. (내쉬에게) 존, 손
          님 왔어.

88. 내부. 프린스턴 집
내쉬는 수수한 흰 식민지 시대의 건물 포치에 앉아서 필기장에서 방정식
을 풀고 있다. 앨리샤와 솔이 들어온다.

앨리샤 : 안녕.
내 쉬 : 안녕.
앨리샤 : 괜찮길 빌게요.

앨리샤는 존의 볼에 키스를 하고는 애기를 데리고 집 안으로 들어간다.

솔   : (웃으면서) **안녕, 친구.**

내쉬가 올려다본다. 그는 창백하고 일그러진 모습으로 마치 그의 일부가
사라져버리고 그림자가 대신 들어 앉은 것 같다.

내 쉬 : 담배하겠나?

내쉬는 담배갑으로부터 담배 한 대를 솔에게 건넨다.

솔   : 아니 괜찮아. 사실 끊었어.
내 쉬 : 잘 있었어.

- **colonial**
  식민지의, 식민지 시대 풍의.

- **chief**
  대장, 우두머리, 지배자.
  윌러연구소에서 내쉬가 팀장이고 솔과
  벤더가 팀원으로 있었기 때문에, 솔이 내
  쉬에게 'chief'라는 호칭을 사용하고 있다.

I quit, actually.
사실 난 담배를 끊었어.
즉 'I quit smoking, actually.'와 같은
표현이다.

I quit, actually.

사실 난 담배를 끊었어.

He offers a hand and they shake hands.

SOL : Hey, John.

Sol begins to sit in an empty chair.

NASH : Have you met Harvey?

SOL : (leans a bit forward) Umm, I... John, there's no....

NASH : Relax. It's okay. There's no point in being nuts if you can't have a little fun.

SOL : Jesus Christ, John. I should have known.

Sol sits. Alicia emerges and places two pills and a glass of water on the table.

ALICIA : Here you go.

NASH : I can take those later.

ALICIA : You're supposed to take them now. (to Sol) Can I bring you something?

SOL : I'm okay.

ALICIA : Okay.

A beat. Then John swallows his medication. Alicia heads back into the house. Sol watches her go.

SOL : So, um...yeah. I... I was in town giving a workshop. I go back tonight. You know, Bender, he really wanted to stop by and you know, see you. You know, say hi.

그가 손을 내밀자 둘은 악수를 한다.

솔　　：안녕, 존.

솔이 빈 의자에 앉기 시작한다.

내 쉬　：하비 만났어?

솔　　：(약간 앞으로 숙인 채) 어, 존, 하비라는 친구는 없
　　　　었…….

내 쉬　：웃자고 해본 소리야. 괜찮아. 우습지 않으면 머
　　　　리가 돌 필요는 없는데.

솔　　：놀랐잖아, 존. 넌 정말 알아줘야 해.

솔은 앉는다. 앨리샤가 나타나 2개의 알약과 물 한잔을 테이블 위에 놓
는다.

앨리샤　：자, 여기요.

내 쉬　：나중에 먹을 게.

앨리샤　：지금 먹어야 되요. (솔에게) 마실 것 좀 갖다 드릴
　　　　까요?

솔　　：괜찮아요.

앨리샤　：알았어요.

잠시, 그리고 나서 내쉬가 약을 먹는다. 앨리샤가 집 안으로 들어간다. 솔
은 그녀가 가는 것을 지켜본다.

솔　　：나… 나 워크숍이 있어서 여기 왔어. 오늘 밤에
　　　　돌아가. 알겠지만 벤더도 진심으로 잠깐 들러
　　　　서 널 보러 오려고 했어. 안부 전하라고 했어.

■ pill
알약, 환약(丸藥).

■ stop by
~에 들리다.
ex) Stop by my house on your way
　　home.
　　집에 가는 길에 내 집에 들러.

There's no point in being nuts.
머리가 돈다고 해도 아무런 의미가 없다.
• be nuts
　〈속어〉 머리가 돌다.
cf. There's no point in doing that.
　　그걸 한다고 해도 아무런 의미가 없다.

There's no point in being nuts.

머리가 돈다고 해도 아무런 의미가 없다.

NASH   : Squeamish?

SOL   : Yeah.

NASH   : I suppose I would be, too. But alas, I am stuck with me.
            I'm trying to solve the Riemann hypothesis.

SOL   : Uh-huh. Oh, yeah?

Nash slides his notepad over to Sol, his eyes sad. Sol takes a look at it.

NASH   : I figured if... if I dazzle them, they will have to reinstate
            me. But it's difficult with the medication, because it's
            hard to see the solution.

Sol's nod is as sad as it is brave. Nash's calculations don't make much sense. He
slides back the pad.

SOL   : You know, John, you should go easy. There are other
            things besides... besides work.

NASH   : What are they?

John stares at him sadly.

89. INT. KITCHEN. NASH HOUSE. NIGHT

Nash sits paralyzed, his screaming baby in his arms. He seems entirely unable to handle
this unwieldy little human. Alicia enters, pissed. She scoops up her child in on hand. The
child's cries instantly stilled. Alicia exits with the baby. John sits, sad, helpless. No good
at real life.

내 쉬 : 너무 놀랐지?

솔 : 그래.

내 쉬 : 나도 그래. 아아, 갇혀 있어. 리만 가설을 풀고 있어.

솔 : 어, 그래?

내쉬가 공책을 솔에게 건넨다. 그의 눈은 슬프다. 솔은 그것을 받아서 본다.

내 쉬 : 내 생각에 그분들을 놀라게 하면 나를 복직시 켜 줄 거야. 약 때문에 해답을 구하기가 어려워.

솔의 끄덕임은 용감한 것 만큼이나 슬프다. 내쉬의 계산은 별 의미가 없다. 그는 노트를 돌려준다.

솔 : 존, 무리하지 마. 일 말고 다른 것들도 있잖아.

내 쉬 : 그게 뭔데?

존은 그를 슬프게 응시한다.

89. 내부. 부엌. 내쉬 집. 밤

내쉬가 신경이 마비된 사람처럼 우는 아기를 팔에 안고 앉아 있다. 그는 이 다루기 힘든 어린 아이를 전혀 다룰 수 없는 것 같이 보인다. 앨리샤가 들어오는데 화가 났다. 그녀가 한 손으로 아이를 안는데 즉시 애의 울음이 멈춘다. 그녀는 아이를 데리고 나간다. 존은 슬프고 무력감에 빠져 앉아 있다. 실제 생활에선 전혀 쓸모가 없다.

- squeamish
  꾀까다로운, 몹시 딱딱한, 결벽증이 있는.

- be stuck with
  ~와 떨어질 수 없게 되다.
  (stick-stuck-stuck)

- hypothesis
  가설, 가정.

- dazzle
  감탄시키다, 화려함으로 현혹시키다.

- reinstate
  복직〔복원〕시키다, 본래대로 하다, 건강을 회복시키다.

- solution
  해답, 해결책.

- make sense
  의미를 지니다, 납득이 되다.

- paralyzed
  마비가 된, 활동 불능이 된, 무력화 된.

You should go easy.
무리하지 마.
• go easy
서두르지 않다, 태평하게 일을 하다,
화를 내지 않다.

You should go easy.

무리하지 마.

90. INT. KITCHEN
A little later. John sits playing with his baby's toy while Alicia is doing the dishes.

ALICIA   : What are you thinking about?

NASH   : What do people do?

By Alicia's expression, this question is not coming for the first time. But she rallies herself again for the answer.

ALICIA   : It's life, John. Activities available, just add meaning.

John nods, but his expression, he surely doesn't understand.

ALICIA   : You could try leaving the house. You know, maybe talk to people.

He stares at her. The idea is just too daunting.

ALICIA   : You could try taking out the garbage.

A little later. Alicia begins putting the dishes away. She hears Nash talking. She spins as John re-enters.

ALICIA   : Who... who were you talking to?

NASH   : The garbage man.

She stares at him, unsure.

90. 내부. 부엌

잠시 뒤, 존은 앨리샤가 설거지를 하고 있는 동안 아이의 장난감을 갖고 놀면서 앉아 있다.

앨리샤 : 무슨 생각해?

내 쉬 : 사람들은 뭘 해?

앨리샤의 표정으로 봐서 이 질문은 처음 나온 것이 아니다. 하지만 그녀는 그 대답을 하기 위해 다시 집중을 한다.

앨리샤 : 존, 삶은 말이에요. 다양한 활동이 가능해요. 다만 의미를 부여할 뿐이지요.

존은 고개를 끄덕이지만, 확실히 이해를 하지 못한 표정을 짓는다.

앨리샤 : 밖에 나가서 시도해 봐. 이웃들과 얘기해 봐.

그가 그녀를 바라본다. 그 생각은 너무 위압적이다.

앨리샤 : 쓰레기도 나가서 버리고.

잠시 후, 부엌에서 설거지를 하다가, 앨리샤는 내쉬가 말하는 소리를 듣는다. 내쉬가 부엌으로 다시 들어올 때 그녀가 돌아선다.

앨리샤 : 누구…, 누구랑 얘기하고 있었어?

내 쉬 : 청소부.

그녀는 확실치 않아 그를 둥그렇게 바라본다.

■ take out
꺼내다, 제외하다, 데리고 나가다.

■ garbage
쓰레기, 쓸모 없는 잡동사니.

Who were you talking to?
누구랑 얘기하고 있었어요?
= Whom were you talking to?
특히 구어체에서는 'whom' 대신 'who'를 써서 목적격을 대신한다.

Who were you talking to?

누구랑 얘기하고 있었어요?

ALICIA   : Garbage men don't come at night.

NASH   : I guess around here they do.

Alicia moves towards the window and looks out of it. A garbage man passes the window.

ALICIA   : Sorry.

They smile.

91. INT. BEDROOM. NASH HOUSE. NIGHT
John lays on his back, Alicia curls beside him. Spring moonlight pours in through the open window. Alicia kisses Nash's neck tentatively, then his face. John lies still as a statue and tilts his head away. We can be sure Alicia wants to have sex with him. Hold on her face, sad eyes open in the moonlight.

ALICIA   : Is it the medication?

A beat. Then she rises, moving into....

92. INT. BATHROOM. NASH HOUSE. NIGHT
Alicia goes to the sink and drinks water from a glass. And then she smashes the mirror in the bathroom, glass shattering into cracked fragments of loss. She drops her head as she begins to cry, screaming.

ALICIA   : I don't know what to do.

93. INT. BEDROOM
John lays in his bed. Alicia's sobs. He curls up in a fetal position. Helpless.

앨리샤 : 청소부는 저녁에 오지 않아.
내 쉬 : 집 주변에 청소부들이 와 있어.

앨리샤가 창문 쪽으로 가 밖을 내다본다. 한 청소부가 창문 앞을 지나간다.

앨리샤 : 미안해.

그들은 웃는다.

91. 내부. 침실. 내쉬 집. 밤
존은 등을 대고 누워 있다. 앨리샤가 그 옆에 몸을 비틀고 있다. 봄의 달빛이 열린 창문을 통해 쏟아져 들어온다. 앨리샤가 자신이 없는 태도로 내쉬의 목과 그 다음에 얼굴에 키스를 한다. 존은 여전히 꿈적하지 않고 있다가 돌아눕는다. 앨리샤가 남편과 섹스를 하고 싶어한다는 것은 명백하다. 카메라는 그녀 얼굴에 고정되어 달빛에 슬픈 눈을 뜨고 있는 모습이 보인다.

앨리샤 : 약물 때문이야?

잠시. 그리고 나서 그녀는 일어나 움직여 들어가는데⋯⋯.

92. 내부. 목욕탕. 내쉬 집. 밤
앨리샤가 싱크대로 달려가 물을 받아 마신다. 그리고는 목욕탕에 있는 거울을 박살 낸다. 우리는 금이 간 상실의 파편으로 산산이 부서진다. 그녀는 머리를 떨어뜨린 채, 크게 소리를 지르며 울기 시작한다.

앨리샤 : 난 어쩌란 말이야?

93. 내부. 침실
존은 침대에 누워 있다. 앨리샤의 흐느낌이 들린다. 그는 태아의 형태로 등을 구부린다. 무력할 뿐이다.

■ tentatively
자신이 없는 태도로.

■ statue
상, 조상.

■ tilt
기울이다, 편향하다.

■ smash
박살내다, 깨뜨리다, ~을 파산시키다.

I don't know what to do.
난 어쩌란 말이야?
원래는 '무슨 일을 해야 하는지 모르겠다.'는 뜻인데 일종의 수사의문문으로 쓰였다고 볼 수 있다.

I don't know what to do.
난 어쩌란 말이야?

94. EXT. NASH HOUSE. NEXT MORNING
John is pouring the shards of the mirror off an impromptu cardboard dustpan into the trash. Alicia emerges from the house, baby in her arms, their brittle dance of normalcy resumed.

ALICIA   : My mother's going to keep the baby a little longer tonight. I can get three hours of overtime.

Before he has a chance to respond, she is gone. Nash stares after his wife, then heads back inside the house.

94. 외부. 내쉬 집. 다음날 아침

내쉬가 임시변통의 판지 쓰레받기로부터 거울 조각을 쓰레기통에 넣고 있다. 앨리샤가 아기를 안고 집에서 나온다. 그들의 상처 입기 쉬운 정상 상태의 춤이 다시 시작된다.

앨리샤 : 오늘 밤 엄마가 애를 더 오래 봐 주시겠데. 3시 간 초과 근무할 거야.

그가 반응을 보일 기회를 갖기도 전에 그녀는 사라진다. 내쉬는 아내의 뒤를 물끄러미 바라보고는 집 안으로 들어간다.

■ shard
파편, 껍질, 비늘.

■ normalcy
정상임, 정상 상태.

■ overtime
초과 근무, 규정 외 노동 시간.

Mental Illness

정신병

내쉬는 자신의 재능과 노력으로 모든 영광을 손에 넣은 듯했지만, 한순간에 어떤 잘못도 없이 모든 것이 날아가 버린 상태로 맥아더 정신병원에 갇히게 된다. 아내 앨리샤가 내쉬가 있는 정신병원을 찾아가 정신과 의사 로젠을 만난다. 내쉬가 대학원 시절부터 정신 분열증을 앓았다고 로젠 의사의 진단을 듣지만, 앨리샤는 남편이 일급 비밀의 일을 하고 있다면서 정신과 의사의 말을 믿지 않는다.

앨리샤는 존 내쉬가 어떤 일을 하고 있었는지 알아보기 위해 윌러 연구소에 가서 내쉬의 연구실을 둘러보고 소스라치게 놀란다. 연구실 벽 전체가 잡지 간행물을 오린 쪽지로 가득 메워져 있었던 것이다. 비밀 우편함에서도 내쉬가 암호해독 작업을 해서 집어넣은 우편 봉투가 개봉되지 않은 상태로 수북히 쌓여 있는 것이 발견된다.

앨리샤는 남편이 MIT에서 교수 생활을 했지만, 윌리엄 파처라는 인물은 없으며 소련 스파이는 실제로 존재하는 것이 아니라 내쉬의 환영이며, 암호 해독은 정부 프로젝트가 아니라 내쉬의 폐쇄작업이라는

것을 깨닫게 된다. 앨리샤가 정신병원에 있는 내쉬를 찾아가서 그가 망상과 허상에 사로잡혀 있다고 말하지만, 내쉬는 앨리샤의 말을 받아들이지 않는다.

내쉬는 정신병원에 갇혀서도 탈출을 시도하고 팔뚝에 심어놓은 보안 칩을 찾는다며 제 손톱으로 팔뚝의 살을 뜯어내는 미치광이 행동을 하여 정신과 집중치료를 받기 시작한다. 정신병원에서 집중치료를 받은 후 내쉬는 집에 와서 요양을 하게 되고, 앨리샤와 솔이 프린스턴대학교 캠퍼스에서 만나 솔이 집으로 놀러온다. 솔은 내쉬가 문제를 풀고 있는 필기장을 보고 그것에서 어떤 의미도 찾을 수 없어서 내쉬가 아직도 정신병에서 헤매고 있다는 것을 감지하게 된다. 앨리샤는 아내로서 존 내쉬를 지극정성으로 보살피지만 정신과 약 때문에 부부관계가 소원해짐을 절실히 느끼며 본인이 처해 있는 상황에 절망한다.

ALICIA　　: How do you know for sure?

NASH　　　: I don't. I just believe it.

ALICIA　　: Mmm, it's the same with love, I guess.

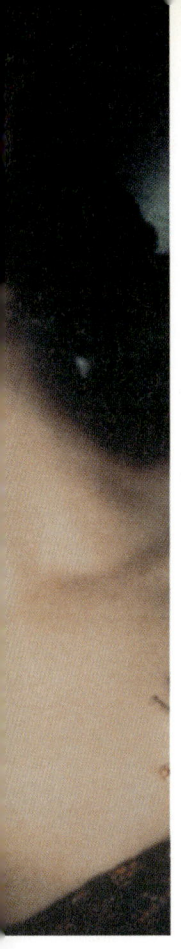

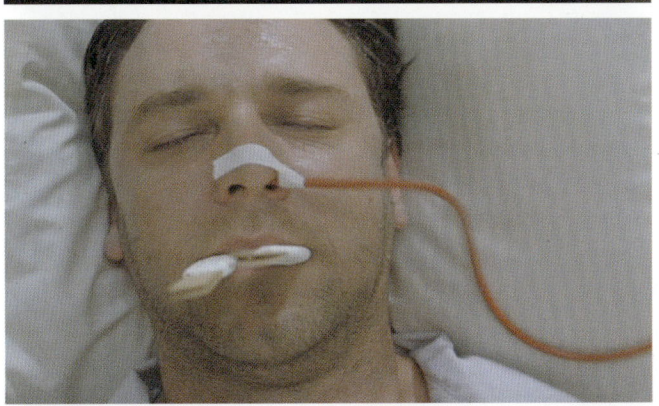
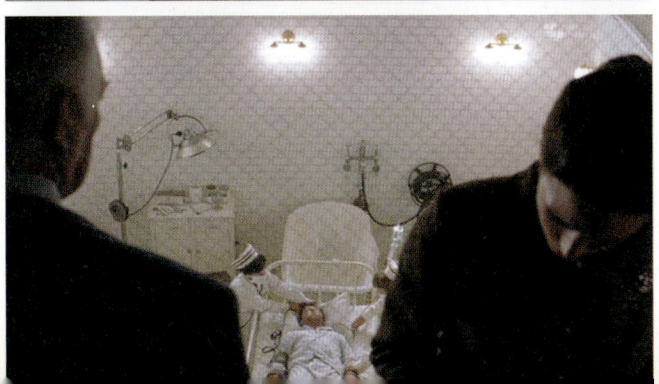

Chapter 8

Delusions

환상

Chapter 8

환상

Delusions

95. INT. SUN PORCH. NASH HOUSE. NIGHT. DAYS LATER
Moonlight beams in through the large windows. Nash sits at his desk. Alicia approaches.

ALICIA   : I'm going to bed.

Alicia sets his medication and water before him. The tension between them is palpable.

NASH   : Good night.

ALICIA   : Good night.

But without goodnight kiss, she is already going to the bedroom. Nash stares down at his medication. Then he opens a cigar box. Inside the box. Maybe five days worth of his pills. Not taken. Nash drops the two tablets inside. Closes the box. Nash drinks water and looks at his desk. He notices a *New York Times*.
NASH-POV. Columns of articles. Suddenly the text goes black, characters rising into the air in a perfectly revealed pattern. revealing the codes again. He slides a pad in front of him, stares at the blank page. A rap as something hits the window. Hard. Nash peers out into the night. Someone, a silhouette, darts across the lawn. John is up, fast, moving into the hallway.

95. 내부. 포치. 내쉬 집. 밤. 며칠 후
달빛이 커다란 창문을 통해 비치고 있다. 내쉬가 책상에 앉아 있다. 앨리사가 다가온다.

앨리샤   : 나 잘래요.

앨리사가 내쉬 앞에 약과 물을 놓는다. 그들 사이에 긴장이 역력하다.

내 쉬   : 잘 자.
앨리샤   : 잘 자.

하지만 잘자라는 키스도 없이 그녀는 이미 침실로 가고 있다. 내쉬는 약을 내려 본다. 그리고는 담배 상자를 연다. 상자 안 클로즈 업. 아마도 닷새 분에 해당하는 알약이 들어 있다. 먹지 않은 것이다. 내쉬는 두 알약을 그 안에 넣고 상자를 닫는다. 내쉬는 물을 마시면서 책상을 바라본다. 그는 뉴욕 타임즈를 주목한다.
내쉬의 시점. 기사란. 갑자기 글이 시커멓게 되면서 글자들이 완전히 드러난 패턴으로 공중에 솟구치더니 다시 코드로 보이기 시작한다. 그는 자기 앞에 그 종이철을 놓고 빈 페이지를 응시한다. 뭔가가 창문을 치자 두드리는 소리가 난다. 세차다. 내쉬는 밤을 내다본다. 누군가의 모습이 잔디밭을 돌진해 간다. 내쉬는 벌떡 일어나 급히 복도로 뛰어나간다.

■ pill
　알약, 환약(공 모양의 약).
　cf. tablet
　　　정제 (둥근 공을 눌러 놓은 모양의 약).
　　　capsule
　　　캡슐 (캡슐 모양의 약).

96. EXT. FOREST. NASH HOUSE. NIGHT

Nash shoves open the screen door, stares out into the night. Crickets. A figure bolts across the green, little more than a shadow, racing towards the tree line and then gone. Nash takes off in a sprint after the fleeing specter.

97. EXT. FOREST. NASH HOUSE. NIGHT

The figure disappears into the dark tree line, Nash racing fast across the lawn in close pursuit, bursting now, into.... Nash continues running through the trees, slowing now, finally coming to a stop deep in the dark forest. He looks around. Moonlight. No sign of the mysterious figure. A rustling. Nash spins to his left, a shadow darting from tree to tree, there, then gone into the darkness. Another rustling. Nash spins to his right to glimpse another darting shadow, vanishing into the night. Suddenly a flashlight throws a light on his face... and another flashlight, another flashlight....

PARCHER   : It's good to see you, John. It's been a while.

A figure steps out of the darkness. As he approaches, his face becomes visible in the moonlight.

NASH   : Parcher?

PARCHER   : Yes, sir.

NASH   : You're not real!

PARCHER   : Of course, I am. Don't be ridiculous. I don't think that I would go that way, John. It's time for you to get back to work.

He begins leading Nash deeper into the forest. Some U.S. soldiers follow them.

PARCHER   : The bomb is in its final position here in the U.S. Knowing your situation requires you keep a low profile, "Mohammed." We've brought the mountain to you.

96. 외부. 숲. 내쉬 집. 밤

내쉬가 스크린 도어를 밀어젖히고 밤을 응시한다. 귀뚜라미 소리. 한 사람이 초원을 가로질러 달리는데 사람의 그림자나 다름이 없다. 그는 나무들이 늘어선 곳을 향해 달리더니 이내 사라진다. 내쉬는 도주하는 유령을 쫓아 내달리기 시작한다.

97. 외부. 숲. 내쉬의 집. 밤

그 사람이 어두운 나무 사이로 사라지자 내쉬는 더 가까이 그를 추적하며 잔디밭을 가로질러 달리다가 뛰어 들어간다. 내쉬는 나무 사이를 계속 달리다가 이제 속도를 늦추며 걷다가 마침내 어두운 숲 속 깊이 들어와 멈춘다. 주위를 살핀다. 달빛이 비친다. 그 신비스러운 인물의 기척이 전혀 보이지 않는다. 살랑살랑 거리는 소리. 내쉬는 왼쪽으로 급히 돌아선다. 한 그림자 모습이 나무에서 나무로 돌진하다가 어둠속으로 사라진다. 또 다시 살랑대는 소리. 내쉬가 오른쪽으로 돌아서자 또 한 명의 돌진하는 그림자가 밤으로 사라지는 것이 보인다. 갑자기 전등 빛이 내쉬의 얼굴을 비춘다. 또 하나의 전등 빛, 또 하나의 전등 빛이……

파 처 : 반갑소, 존. 오래간만이군.

한 인물이 어둠 속에서 나온다. 그가 접근하자 그의 얼굴이 달빛에 보인다.

내 쉬 : 파처?

파 처 : 그래, 나요.

내 쉬 : 넌 진짜가 아니야.

파 처 : 물론, 진짜요. 말도 안 되는 소리요. 존, 나라면 그 쪽으론 안 가겠소. 이제 당신이 다시 일할 때요.

그는 내쉬를 숲 속 깊은 곳으로 안내하기 시작한다. 몇 명의 미국 병사들이 그들을 따른다.

파 처 : 원폭의 마지막 위치는 여기 미국이요. 당신의 상황을 알기 때문에 조용히 왔소. 대단한 것을 가지고 왔소.

■ **come to**
이르다, 달하다, 결국 ~이 되다.
cf. come to an end
끝장이 나다.

■ **mountain**
다량, 많음. 여기서는 '많은 정보'를 의미한다.
cf. Mohammed must go to the mountain.
마호메트가 자기 앞으로 오도록 산을 부르겠다고 했지만, 산이 오지 않으므로 스스로 산에 간 고사에서 비롯되었다. 파처의 대사에서는 Mohammed를 내쉬로 비유하고 mountain(많은 정보)을 내쉬에게 가져온 걸로 말하고 있다.

It's been a while.
오래간만이군.
여기서 'it'은 시간을 나타내는 비인칭 주어이다.
= It has been a while since I saw you last.

It's been a while.
오래간만이군.

Parcher and his guard lead Nash to an old tool shed on the edge of the property.
Parcher pulls open the door, the night flooded with white light. He bows and gestures
with his arm, ushering Nash inside.

98. INT. TOOL SHED. NIGHT
A mobile field unit. Portable lights hooked to a small generator. Two or three more
soldiers, working charts, sitting in headphones over short wave radio consoles. Parcher
leads Nash to a lit map board.

PARCHER   : We've narrowed the bomb's location to somewhere on
               the Eastern seaboard. But we haven't been able to
               pinpoint its exact position. Their codes have grown
               increasingly complex.... Look at this, John.

Nash stares at him.

PARCHER   : What? What?

NASH   : Dr. Rosen said....

PARCHER   : (shouts) Rosen! That quack! "Schizophrenic break from
               reality," right? Psychological bullshit! Look at me, John.
               John, look at me. Do I look like I'm imagined?

NASH   : Wheeler has no record of you.

PARCHER   : Do you think we list our personnel?

Nash just stares at him.

PARCHER   : John, I'm sorry you had to go through all this. I've gone
               to great deal of trouble to get you back. I can restore
               your status at Wheeler. I can let the world know what
               you did. But I need you now, soldier.

파처와 그의 부하는 내쉬를 그 소유지 언저리에 있는 낡은 연장 창고로 안내한다. 파처가 문을 밀어 열자 하얀 빛이 어두운 밤에 몰려든다. 그는 머리 숙여 팔로 신호를 보내며 내쉬를 안으로 안내한다.

98. 내부. 도구 헛간. 밤
이동식 야전군. 작은 발전기에 의한 이동식 전등이 켜 있다. 두세 명의 군인들이 차트 작업을 하는데 단파 라디오 계기판 앞에 헤드폰을 끼고 앉아 있다. 파처는 내쉬를 불이 켜진 지도판으로 안내한다.

파 처 : 우리가 원폭의 위치를 동부 해안 부근으로 좁혀 놓았소. 그러나 정확한 위치는 찾지를 못했소. 놈들의 암호가 아주 복잡해졌소. 여기 이걸 보시오, 존.

내쉬가 그를 응시한다.

파 처 : 뭐죠? 뭐가 문제요?
내 쉬 : 닥터 로젠이 말하기를…….
파 처 : (소리친다.) 로젠! 돌팔이 의사! '정신 분열증으로 인한 현실도피', 맞지요? 엉터리 정신과 얘기! 나를 봐요, 존. 존, 날 잘 봐요. 내가 상상 속 인물로 보입니까?
내 쉬 : 윌러연구소엔 당신 기록이 없다고 했소…….
파 처 : 우리가 직원명단을 외부에 공개할 것 같소?

내쉬는 그를 응시할 뿐이다.

파 처 : 존, 이런 일 겪게 해서 미안하오. 당신을 찾느라고 아주 힘들었소. 윌러연구소에 복직시켜 드리겠소. 당신 업적을 세상에 알릴 수 있소. 하지만 난 지금 당신이 필요해요, 친구.

- **console**
  (컴퓨터 등의) 조작 탁자, (기계·기기 등의) 제어 장치.

- **pinpoint**
  ~의 위치를 정확하게 지적하다, (표적을) 정확히 겨누다, 정밀조준 폭격하다.

- **quack**
  가짜 의사, 엉터리 의사, 사기꾼.

- **break**
  단절, 휴식, 중단.

- **psychological**
  심리학적인, 정신적인.

- **bullshit**
  허풍, 거짓말, 싫은 것.

- **personnel**
  전직원, 인사부, 요원.

- **restore**
  원장소에 되돌리다, 회복하다, 복구하다.

Do I look like I'm imagined?
내가 상상 속 인물로 보입니까?
• look like
 ~같이 보이다, ~일 것 같다.
ex) She looks ill.
 아픈 것 같이 보인다.
 It looks like rain.
 비가 올 것 같다.

Do I look like I'm imagined?
내가 상상 속 인물로 보입니까?

Nash sits.

NASH   : I was so scared you weren't real.

Title: PRINCETON, NEW JERSEY APRIL 1956

99. INT. FRONT HALL. NASH HOUSE. AFTERNOON
Nash is carrying the baby upstairs as Alicia heads outside.

ALICIA   : There's a storm coming. I'm just going to grab the
               laundry, okay?

NASH   : I'll draw his bath. It's okay.

Her concern flashes for only a second. But he registers it anyway.

ALICIA   : Okay.

Alicia's forced smile is full of hope. She heads outside.

100. EXT. NASH HOUSE. AFTERNOON
Storm clouds assemble on the horizon. The wind is fierce. Alicia gathers laundry. A siren wailing in the distance. Radio static. A distant beeping sound from the woods beyond the house. Alicia looks up, puzzled. Muffled voice. A beat. Then she leaves the detritus on the lawn, begins heading towards the sound.

101. EXT. FOREST
Alicia walks through the trees. In just five minutes the sky has grown darker. The wind has picked up. Muffled voices continue. Thunder rumbling.

102. EXT. TOOL SHED
The door to the old shed has been left ajar, banging in the wind. Faint radio sounds. Alicia approaches the shack. Muffled radio voice. She pulls the door open.

내쉬가 않는다.

내 쉬 : 당신이 환상일까 봐 두려웠소.

자막: 1956년 4월 뉴저지주 프린스턴

99. 내부. 거실. 내쉬 집. 오후
내쉬가 아기를 안고 2층으로 올라가고 앨리샤는 밖으로 나간다.

앨리샤 : 폭풍이 올 거예요. 빨래를 걷어 올게요.
내 쉬 : 아기 목욕을 시킬게. 괜찮아.

그녀의 걱정이 단지 한 순간 번쩍인다. 하지만 그는 여하튼 그것을 표정으로 나타낸다.

앨리샤 : 좋아요.

앨리샤의 억지 웃음은 희망으로 가득 차 있다. 그녀는 밖을 향한다.

100. 외부. 내쉬 집. 오후
폭풍우의 구름이 지평선에 모여든다. 바람이 세차다. 앨리샤가 빨래를 걷는다. 사이렌 소리가 멀리서 울린다. 라디오 소리가 고정된다. 집 저편 멀리 숲 속으로부터 삐삐 소리가 난다. 앨리샤가 당혹스러워하며 쳐다본다. 소음이 된 목소리. 잠시 그녀는 잔디 위에다 빨래 더미를 내려놓고 소리 나는 쪽으로 향하기 시작한다.

101. 외부. 숲 속
앨리샤가 나무 사이로 걷는다. 불과 5분 만에 하늘은 더 어두워졌다. 바람이 일었다. 소음이 된 목소리가 계속된다. 천둥이 울린다.

102. 외부. 도구 헛간
낡은 헛간 문이 조금 열려져 있어 바람에 꽝꽝거린다. 희미한 라디오 소리. 앨리샤가 그 오두막집에 다가간다. 소음이 된 라디오 소리. 그녀는 문을 당겨 연다.

- **grab**
  움켜잡다, 가로채다, 마음을 사로잡다.

- **laundry**
  세탁물.

- **draw**
  꾀어서 시키다, 끌어들이다, 끌어내다.

- **static**
  고정된, 정지된.

- **detritus**
  파편(의 더미).

- **shed**
  헛간, 가축 우리, 작업장, 차고.

- **ajar**
  (문이) 조금 열린, 조금 열려.

- **shack**
  통나무 집, 판자 집.

> **There's a storm coming.**
> 폭풍이 오고 있어요.
> 'A storm is coming.'과 같은 뜻이지만 'There's a storm (which is) coming.'식으로 표현하는 것이 더 영어적이다.

There's a storm coming.
폭풍이 오고 있어요.

103. INT. TOOL SHED
ALICIA—CLOSE. Face broken with horror as rain begins to pelt the roof. Pull back to reveal. Radio static, broken voices. The entire shed, walls, floor and ceiling are covered with newspaper and magazine clippings, the hallmarks of John's madness. Just then she pictures her baby whimpering in the bathtub. She gasps. She turns and begins racing out.

104. INT. NASH HOUSE
The water runs from the tap. Her baby is in the water crying.

105. EXT. NASH HOUSE. RAINING
Alicia races across the lawn towards the house. Thunder rumbles.

106. INT. NASH HOUSE
Alicia pushes inside.

ALICIA   : John?

She looks in the living room. No sign of John. From upstairs the sound of water running.

107. INT. NASH HOUSE. STAIRWAY
Alicia races up the stairs. She hears the baby crying. Another lightning flash. A crack of thunder.

108. INT. BEDROOM. NASH HOUSE
Alicia bursts into the bedroom. In time to see Nash struggling to close a window. He is on the phone. The baby is nowhere in sight.

NASH   : I've almost got it. Charles, you just watch the baby. I've

            got one more to close!

The baby is crying in the bathroom.

103. 내부. 도구 헛간
앨리샤 클로즈 업. 비가 지붕을 때리기 시작하자 그녀의 얼굴은 공포로 얼룩진다. 카메라가 물러서면서 광경이 나타난다. 라디오가 고정되고 째지는 목소리가 난다. 헛간이 온통 벽, 바닥, 천장이 신문과 잡지 오린 조각으로 덮여 있다. 존이 미쳤다는 걸 보여주는 증거들이다. 바로 그때 그녀는 욕조 속에서 자기 아기가 울먹이는 모습이 떠오른다. 그녀는 숨을 헐떡거리며 돌아서 달리기 시작한다.

104. 내부. 내쉬의 집
물이 수도꼭지로부터 흐른다. 아기는 물 속에서 울고 있다.

105. 외부. 내쉬 집. 비
앨리샤가 잔디 위를 뛰어서 집으로 향한다. 천둥이 울린다.

106. 내부. 내쉬의 집
앨리샤가 안으로 밀고 들어온다.

앨리샤 : 존?

그녀는 거실을 바라본다. 존의 모습이 보이지 않는다. 이층에서 물이 흐르는 소리가 난다.

107. 내부. 내쉬 집. 계단
앨리샤가 계단을 뛰어 올라간다. 아이 울음 소리가 들린다. 다시 번개가 친다. 천둥이 와르릉 울린다.

108. 내부. 욕실. 내쉬 집
앨리샤가 침실로 뛰어 든다. 내쉬가 마침 창문을 닫기 위해 애를 쓰는 것을 본다. 그는 통화중이다. 아기는 어디에서도 보이질 않는다.

내 쉬 : 거의 다 됐어. 찰스, 아기 좀 봐. 한 개만 더 달으면 돼.

아기가 욕실 안에서 울고 있다.

pelt
(비·바람이) ~을 강타하다, (돌 등을) 계속하여 던지다, 던져 공격하다, (질문·비난)을 퍼붓다.

clipping
(신문, 잡지의) 오려낸 기사, 오려낸 것, 오려내기.

hallmark
품질 증명, 보증 마크, 특징.

Alicia races up the stairs.
앨리샤가 계단을 뛰어 올라간다.
• race up
(~를) 뛰어 올라가다.

Alicia races up the stairs.
앨리샤가 계단을 뛰어 올라간다.

ALICIA   : No!

109. INT. NASH BATHROOM
Alicia freezes in the open bathroom door.

ALICIA   : Oh, God!

The baby is in the bathtub. The running water is almost up to his chin, he is very near being drowning.

NASH   : (V.O.) I'll be right there.

Alicia moves with lightning speed, grabbing her crying baby up and into her arms.

NASH   : (V.O.) I need a towel

ALICIA   : Shhh....

She clutches the baby for dear life. Spins to face John who's standing there, eyes wide with panic.

NASH   : Charles was watching him. He was okay.

ALICIA   : (hysterical) No one here.

NASH   : Charles was watching him.

ALICIA   : No one here!

NASH   : He's been injected with a cloaking serum. I can see him because of a chemical that was released into my bloodstream when my implant dissolved.

Alicia holds his eyes. Then she's out the door. He follows.

앨리샤   : 안 돼!

109. 내부. 내쉬의 욕실
앨리샤가 열려 있는 욕실 문에서 얼어붙은 듯 선다.

앨리샤   : 세상에!

아기는 욕조 안에 있다. 틀어져 있는 물은 거의 아기 턱까지 차서 아기는 익사 직전이다.

내 쉬   : (목소리) 내 금방 갈게.

앨리샤가 번개처럼 움직여 물 속에서 울고 있는 아기를 들어올린다.

내 쉬   : (목소리) 수건이 필요해.
앨리샤   : 쉬······.

그녀는 죽을 힘을 다하여 아기를 끌어안는다. 그리고는 공포로 눈을 휘 둥그레 뜨고 서 있는 존을 향해 몸을 돌린다.

내 쉬   : 찰스가 아기를 보고 있었어. 아기는 괜찮았어.
앨리샤   : (신경질적으로) 여긴 아무도 없어.
내 쉬   : 찰스가 아기를 보고 있었어.
앨리샤   : 여긴 아무도 없다구!
내 쉬   : 찰스가 투명인간 주사를 맞았어. 내 이식체가 녹으면서 혈관 속에 들어간 화학 물질 덕분에 그를 볼 수 있어.

앨리샤는 그의 시선을 고정시킨다. 그리고는 문 밖으로 나간다. 내쉬가 그녀를 따른다.

■ inject
주사하다, 투입하다.

■ serum
혈청(제).

■ bloodstream
혈류, 활력, 대동맥.

■ dissolve
녹다, 용해하다.

I'll be right there.
금방 갈게.
• right
〈구어〉 곧, 지체없이.
• there
〈장소 · 방향〉 그곳에, 거기로.

I'll be right there.

금방 갈게.

110. INT. STAIRWAY
Alicia is moving down the stairs, fast, baby in her arms. Nash is chasing after her.

NASH   : I couldn't tell you, it was for your own protection!

He follows her into.

111. INT. LIVING ROOM. NASH HOUSE
Alicia is already across the room, has begun dialing the phone, tears of loss and rage spilling down her cheeks.

NASH   : Alicia! No!

ALICIA   : (into phone) Hello, I need Doctor Rosen's office, please.

That's when Parcher steps into the doorway.

PARCHER   : You've got to stop her, John.

NASH   : You leave her out of this.

Alicia looks up to the doorway. No one there.

ALICIA   : Who are you talking to?

NASH   : It's not her fault.

ALICIA   : John.

Parcher takes a step into the room.

PARCHER   : She'll compromise us again.

NASH   : No, she won't.

110. 내부. 층계
앨리샤가 아기를 안고 층계를 급히 내려가고 있다. 내쉬가 그녀를 따른다.

내 쉬　: 당신을 보호하기 위해서 말할 수 없었어.

그는 아내를 따라 들어간다.

111. 내부. 거실. 내쉬 집
앨리샤는 이미 방을 건너 전화 다이얼을 돌리기 시작한다. 상실과 분노의 눈물이 양 볼 아래로 흘러내린다.

내 쉬　: 앨리샤! 걸지 마!
앨리샤　: (전화로) 여보세요, 로젠 박사님실 부탁해요.

그때 갑자기 파처가 문간에 나타난다.

파 처　: 존, 전화 못 걸게 막아야 돼.
내 쉬　: 아내는 이 일에서 빼줘요.

앨리샤가 문간을 쳐다본다. 거기에는 아무도 없다.

앨리샤　: 누구와 얘기하는 거야?
내 쉬　: 아내 잘못이 아니야.
앨리샤　: 존.

파처가 방안으로 들어선다.

파 처　: 그녀는 우리를 또 위태롭게 할거요.
내 쉬　: 아니에요. 그녀는 안 그래요.

- **fault**
  잘못, 결점, 흠.

- **compromise**
  (명성 등을) 더럽히다, 손상하다.

Leave her out of this.
그녀는 가만둬요.
• leave A out of B
A를 B에서 빼다.

Leave her out of this.
그녀는 가만둬요.

PARCHER   : You'll go back to the hospital.

ALICIA   : John, answer me!

PARCHER   : Countless people will die.

NASH   : Alicia, please, put the phone down.

PARCHER   : I can't let that happen.

Parcher opens his jacket, revealing a holster.

ALICIA   : (into phone) Yes, hello? Hi, I need Dr. Rosen. Is he in?

Parcher pulls his weapon. His eyes are sad.

PARCHER   : I'm sorry, John.

Parcher aims a gun to Alicia.

NASH   : No ~!

Nash rushes Parcher and knocks the gun from his hand, his body simultaneously colliding with Alicia as he barrels past, sending her into the wall. She drops the receiver. The baby crying.

NASH   : (spinning) Alicia.

PARCHER   : You know what you have to do, Nash.

ALICIA   : (almost a whisper) Get away from me.

PARCHER   : She's too great a risk.

ALICIA   : (screaming) Get away.

NASH   : I didn't mean to hurt you.

파 처 : 당신은 병원으로 돌아가게 될거요.
앨리샤 : 존, 대답해요!
파 처 : 수없이 많은 사람들이 죽을 거요.
내 쉬 : 앨리샤, 제발, 수화기 내려 놔.
파 처 : 그런 일이 일어나게 할 수 없소.

파처는 상의 주머니를 열고 권총을 보인다.

앨리샤 : (전화로) 네, 여보세요? 안녕하세요. 로젠 박사님
이 필요해요. 계신가요?

파처가 무기를 꺼낸다. 그의 눈은 슬프다.

파 처 : 미안해요, 존.

파처가 앨리샤에게 총을 겨눈다.

내 쉬 : 안 돼~!

내쉬가 파처에게 돌진해서 그의 손에서 총이 떨어지게 하는데, 그 순간
동시에 내쉬의 몸이 앨리샤에게 부딪쳐 앨리샤는 벽에 부딪히며 수화기
를 떨어뜨린다. 아기가 운다.

내 쉬 : (돌아서며) 앨리샤.
파 처 : 내쉬, 어떻게 해야 하는지 알지요.
앨리샤 : (속삭임에 가깝다.) 저리 가요.
파 처 : 그녀는 아주 위험해.
앨리샤 : (소리친다.) 저리 가라니까.
내 쉬 : 당신을 해칠 생각은 없었어.

■ countless
셀 수 없는, 많은.

■ knock
털어내다, 충돌하다, 때려눕히다.

■ simultaneously
동시에, 한꺼번에.

■ collide
충돌하다, 부딪치다, (의견·이해 등이) 일
치하지 않다.

■ past
(시간·수·양·정도·범위가) ~를 넘어서,
~ 이상으로.

I didn't mean to hurt you.
당신을 해칠 생각은 없었어.
• mean
의도하다, 작정하다.

I didn't mean to hurt you.
당신을 해칠 생각은 없었어.

Nash takes a step back from the force of her voice, and she's pushing past Nash, out the door.

PARCHER : Finish her. She knows too much now.

112. EXT. NASH HOUSE. HIGH ANGLE. STORM
Pouring rain. Alicia is making for their car, baby in her arms and opens the door.

113. INT. LIVING ROOM. NASH HOUSE
A tiny form tugs his hand. Marcee.

MARCEE : Uncle John?

PARCHER : (cocking the hammer) You take care of her, you pathetic piece of shit, or I'll take care of you.

Another figure comes down the steps. Charles.

CHARLES : John, Christ, John, please do what he says.

Parcher points his now retrieved gun straight at Nash's head.

PARCHER : Move, soldier. Now!

MARCEE : (V.O.) Uncle John?

CHARLES : John, please!

PARCHER : Now.

MENTAL VOICE: Alicia and Charles never coexist in the same interactive field.

There's a montage of a lot of scenes Nash has experienced until now.

내쉬는 그녀 목소리의 강렬함에 한 발짝 뒤로 물러선다. 앨리사가 내쉬를 밀치고 문 밖으로 나간다.

파 처 : 그녈 죽여버려. 이제 너무 많은 걸 알아.

112. 외부. 내쉬의 집. 높은 시점. 폭풍우
비가 쏟아진다. 앨리사는 아기를 팔에 안은 채 차로 달려가 문을 연다.

113. 내부. 거실. 내쉬의 집
작은 형체가 내쉬의 손을 끈다. 마시다.

마 시 : 존 삼촌?
파 처 : (총의 공이를 당기며) 그녀를 처치해, 한심한 녀석, 그렇지 않으면 내가 당신을 죽이겠소.

다른 모습이 층계를 내려온다. 찰스다.

찰 스 : 존, 제발, 존, 그가 시키는 대로 죽여.

파처는 이제 당긴 총을 존의 머리에 바로 겨냥한다.

파 처 : 빨리 처치해. 어서.
마 시 : (목소리) 존 삼촌?
찰 스 : 존, 어서!
파 처 : 빨리.
의식의 목소리 : 앨리샤와 찰스는 같은 장소에서 결코 공존하지 않아.

지금까지 내쉬가 경험한 여러 장면들의 몽타주가 흐른다.

- **pathetic**
  애처로운, 애수에 찬, 감상적인.

- **coexist**
  같은 때(장소)에 공존하다, (~와) 공존하다.

- **field**
  활동 범위, 현장, 분야.

> **Or I'll take care of you.**
> 그렇지 않으면 내가 널 처치해 버리겠다.
> • take care of
>   〈속어〉~을 처치하다, 죽이다, ~을 제거하다.

Or I'll take care of you.

그렇지 않으면 내가 널 처치해 버리겠다.

MENTAL VOICE: Let's play!

The voices increase.

MENTAL VOICE: Alicia and Parcher.... Charles, and Marcee can not coexist with Alicia. I understand.

114. EXT. DRIVEWAY. NASH HOUSE
The engine starts and the car begins moving.

115. INT. CAR
Alicia is behind the wheel, rain beating on the windshield. She starts pulling away. Nash runs out in front of the car, slams both hands against the hood.

ALICIA   : (screaming) Ahhh!

116. EXT. CAR
He stares at her through the glass. A beat.

NASH   : She never gets old. Marcee can't be real. She never gets old.

His lips are shaking, rain spilling down his face like tears. A long beat. They stare at each other in the pouring rain.

117. EXT. KITCHEN. NASH HOUSE. LATE AFTERNOON
The rain has stopped.

118. INT. DINING ROOM
Marcee sits on the floor, playing Jacks. Nash and Alicia face a familiar figure across the table. Dr. Rosen.

의식의 목소리 : 합시다!

목소리들이 증가한다.

의식의 목소리 : 앨리샤와 파처도 마찬가지야. 찰스와 마시
도 앨리샤와 공존할 수 없어. 이제 알았어.

114. 외부. 진입로. 내쉬 집
차 시동이 걸리고 차가 움직이기 시작한다.

115. 내부. 차
앨리샤가 운전석에 앉아 있고, 차 전면 유리에 비가 심하게 내린다. 그녀
는 차를 몰기 시작한다. 내쉬가 자동차 정면으로 뛰어와서 후드를 두 손
으로 잡는다.

앨리샤 : (외치며) 아~!

116. 외부. 차
그는 유리창을 통해 그녀를 응시한다. 잠시.

내 쉬 : 그 애는 절대 나이를 먹지 않아. 마시는 가짜
야. 결코 늙지를 않아.

그의 입술이 떨린다. 비는 눈물처럼 그의 얼굴에 흘러내린다. 한 동안이
흐른다. 그들은 서로를 바라본다. 퍼붓고 있는 비 속에서.

117. 외부. 부엌. 내쉬 집. 늦은 오후
비가 그쳤다.

118. 내부. 식당
마시가 바닥에 앉아서 공기놀이를 하고 있다. 내쉬와 앨리샤는 테이블
맞은편에 낯익은 얼굴을 마주하고 있다. 로젠 박사이다.

■ Alicia is behind the wheel.
  앨리샤가 운전석에 앉아 있다.
  • behind the wheel
    운전대를 잡고, 지배권을 장악하고.
    = at the wheel
  ex) a man at the wheel of the party
      당을 좌지우지하는 사람.

■ beat
  (비·바람 등이) 치다, 때리다. (북 따위를
  쳐서) 울리다〔신호하다〕.

■ windshield
  (자동차의) 전면 유리.

■ slam
  (~를) 털썩 놓다, 때리다, 혹평하다.

■ hood
  (자동차 엔진의) 덮개, 보닛, 뚜껑, 두건.

She never gets old.
  그 애는 절대로 늙지를 않아요.
  이처럼 형용사가 'get'과 함께 쓰여 동
  사를 나타낼 때에는 동작을 강조하는
  표현이 된다.

She never gets old.
그 애는 절대로 늙지를 않아요.

ROSEN   : Do you see them now?

Charles is suddenly in the doorway.

NASH   : Yes.

ROSEN   : Why did you stop your meds?

NASH   : Because I couldn't do my work. I couldn't help with the baby. I couldn't... I couldn't respond to my wife. You think that's better than being crazy?

ROSEN   : We'll need to start you on a higher run of insulin shocks and a new medication.

NASH   : No. There has to be another way.

ROSEN   : Schizophrenia is degenerative. Some days may be symptom-free, but over time, you're getting worse.

NASH   : It's a problem. That's all it is. It's a problem with no solution. And that's what I do, I solve problems. It's what I do best.

Alicia stares at him

ROSEN   : This isn't math. You can't come up with a formula to change the way you experience the world.

NASH   : All I have to do is apply my mind.

ROSEN   : There's no theorem, no proof. You can't reason your way out of this.

NASH   : (shouts) Why not? Why can't I?

로 젠 : 지금도 그들이 보여요?

찰스가 갑자기 문에 나타난다.

내 쉬 : 네.

로 젠 : 약 복용을 왜 중단했습니까?

내 쉬 : 일을 할 수 없었고, 애를 봐줄 수도 없었어요. 아내를 만족시킬 수도 없었고요. 그게 미치는 것보다 낫다고 생각하세요?

로 젠 : 인슐린 주사 횟수를 늘리고 새 약물 치료를 시작하는 게 필요해요.

내 쉬 : 아니오. 다른 방법을 써야 해요.

로 젠 : 정신 분열증은 퇴행성 질환입니다. 어떤 때에는 증상이 없다가도 시간이 지나면 더 심해집니다.

내 쉬 : 그게 문제예요. 문제만 있어요. 답이 없는 문제지요. 문제 푸는 건 제 전공입니다. 제가 문제를 풀어요. 제가 최선을 다하는 건 문제 푸는 겁니다.

앨리샤가 그를 바라본다.

로 젠 : 이건 수학이 아니에요. 당신이 세계를 경험하는 방식을 바꿀 공식을 만들 순 없어요.

내 쉬 : 필요한 건 정신을 집중하는 거예요.

로 젠 : 여기에는 정리도 없고, 증명도 없어요. 당신은 여기서 빠져나가는 방법을 생각해 낼 수가 없어요.

내 쉬 : (소리친다.) 왜 안 되나요? 내가 왜 할 수 없나요?

■ run
양, 흐름.

■ degenerative
퇴행하는, 퇴화하는, 변질성의.

■ sympton-free
증상이 없는.

■ formula
공식, 식, 제조법.

■ apply
(주의력·마음·정력)을 쏟다, 기울이다.

■ theorem
〈수학〉 정리(整理).
ex) Pythagoras theorem
피타고라스 정리.

■ reason
추론하다, 논리적으로 생각하다.

You're getting worse.
당신은 점점 심해집니다.
• get worse
악화되다, 나빠지다.

9

You're getting worse.

당신은 점점 심해집니다.

ROSEN   : Because your mind is where the problem is in the first place.

NASH   : I can do this. I can work it out. All I need is time.

A tiny whine, like a distant cry. Nash looks up.

NASH   : Is that the baby?

ALICIA   : The baby's at my mother's, John.

Nash and Alicia stare at each other. A beat. Marcee is humming. Nash looks up at Marcee.

ROSEN   : Without treatment, John, the fantasies may take over entirely.

119. INT. BEDROOM. NASH HOUSE. LATE AFTERNOON
Nash sits on a chair, holding Alicia's handkerchief.

ALICIA   : You almost ready?

Alicia stands in the doorway, her expression brave.

ALICIA   : Rosen's waiting outside.

NASH   : I can't go back to that hospital. I won't come home.

ALICIA   : He said that if you said that, he has commitment papers for me to sign.

Nash nods, so terribly tired.

로 젠 : 당신의 머리에서 모든 문제가 시작됐기 때문이
에요.

내 쉬 : 난 할 수 있어요. 해낼 수 있어요. 필요한 건 시
간이에요.

멀리서 우는 것처럼 약하게 칭얼대는 소리가 난다. 내쉬가 올려다 본다.

내 쉬 : 우리 아기 소리요?

앨리샤 : 존, 아기는 엄마 집에 있어.

내쉬와 앨리샤는 서로를 바라본다. 잠시. 마시가 콧노래를 흥얼거린다.
내쉬는 마시를 쳐다본다.

로 젠 : 치료를 받지 않으면 환상이 온통 현실이 될 수
있어요.

119. 내부. 침실. 내쉬 집. 늦은 오후
내쉬가 의자에 앉아서 앨리샤의 손수건을 들고 있다.

앨리샤 : 준비 다 됐어?

앨리샤가 문간에서 있다. 그녀의 표정은 필사적다.

앨리샤 : 로젠이 밖에서 기다려.

내 쉬 : 난 병원에 돌아갈 수 없어. 집으로 못 돌아올
거야.

앨리샤 : 로젠이 당신이 병원에 안 가려고 하면, 내가 입
원을 허락한다는 동의서에 서명하래.

내쉬는 고개를 끄덕인다. 매우 지친 모습이다.

■treatment
치료, 취급, 대우.

■fantasy
기괴한 것, 환상.

■commitment
서약, 책임, 위임.

All I need is time.
내게 필요한 것은 시간 뿐이에요.
'all that'은 단수로 취급된다. 물론
'that'은 생략될 때가 많다.

9

All I need is time.
내게 필요한 것은 시간 뿐이에요.

NASH   : Well, maybe you won't sign them. Maybe you'll just give me some time. I will try to figure this out.

The toll this is taking on him is really seen on his face.

NASH   : Whatever you do, Rosen's right about one thing. You shouldn't be here. I'm not safe anymore.

Alicia stands in the doorway. Staring at her husband.

ALICIA   : Would you have hurt me, John?

A figure races past behind her, Marcee, like a ghost, startling fast, then gone. He looks up at his wife.

NASH   : I don't know. Maybe you should let Dr. Rosen drive you to your mother's.

Alicia goes down the stairs. Push in on this single figure, sitting alone. Hold on John. He hangs around in the room. Muffled voices. The sound of a car, pulling away. Nash lowers his head, his expression a mask of loss and despair. A series of cuts. Nash sitting on the bed.... Wider on Nash, still sitting, alone in the room.... Wider still through the door, Nash still sitting, so small, so alone. Footsteps on stairs. He becomes sober. Through the open doorway, Alicia stands in the bedroom, looking at Nash.

ALICIA   : Rosen said to call if you try and kill me or anything.

Alicia walks towards Nash.

내 쉬 : 서명 안 할 거지. 나한테 시간을 좀 줘. 꼭 노력
해서 풀어 볼게.

이것이 그에게 주는 대가가 그의 얼굴에 분명히 나타난다.

내 쉬 : 당신이 어떻게 하든 로젠 박사가 한 가지는 옳
아. 당신은 나하고 있으면 안 돼. 난 더 이상 안
전하지가 않아.

앨리샤가 문간에 서서 남편을 응시하고 있다.

앨리샤 : 존, 나를 해쳤을까?

한 인물이 그녀 뒤를 지나 달려간다. 마시다. 마치 유령처럼 빨리 달려서
사라진다. 그는 아내를 쳐다본다.

내 쉬 : 모르겠어. 로젠 박사한테 친정까지 태워 달라
고 해.

앨리샤가 계단을 내려간다. 홀로 외롭게 앉아 있는 이 한 인물에게 클로
즈 업. 그는 방안을 서성댄다. 소음이 된 목소리. 차가 떠나는 소리가 들
린다. 내쉬는 고개를 떨구고 그의 표정은 상실과 절망의 가면을 쓴 모습
이다. 일련의 장면이 연속된다. 침대에 앉아 있는 내쉬. 좀더 가까이. 여
전히 앉아 있다. 방에 혼자서. 문을 통해서 그의 모습. 여전히 앉아 있다.
아주 작고 온통 그 혼자이다. 층계를 올라오는 발소리. 그는 맑은 정신이
된다. 열린 문간을 통해 앨리샤가 침실에 서서 내쉬를 보고 있다.

앨리샤 : 날 죽이려고 하거나 이상하면 로젠이 병원으로
전화하래.

앨리샤가 내쉬에게 걸어간다.

■ toll
희생, 대가, 손실, 손해, 피해.

■ muffle
싸다, 덮다, (소리내지 못하게) 머리를 덮
어 씌우다, 소리를 지우다.

■ pull away
(차·사람이) (~로부터) 떠나다, 차를 빼내
다, (말이나 엔진 따위가) 수레를 끌다.

I'll try to figure this out.
꼭 노력해서 풀어볼게.
• figure out
풀다, (해답 따위를) 생각해 내다, 이
해하다.

I'll try to figure this out.
꼭 노력해서 풀어볼게.

ALICIA   : You want to know what's real?

She kneels now, before him. She puts her hand on his cheek and strokes.

ALICIA   : This.

She takes his hand and puts it on her cheek.

ALICIA   : This.

And then she touches her heart with his hand.

ALICIA   : This. This is real. Maybe the part that knows the waking from the dream, maybe it isn't here.

She touches his heart with her hand.

ALICIA   : (like half a prayer) Maybe it's here. I need to believe that something extraordinary is possible.

Nash nods, without saying. And he moves into her arms, probably his tears finally coming now in racking sobs, two small souls holding on to each other for dear life.

앨리샤   : 뭐가 현실인지 알고 싶어?

그녀는 남편 앞에 무릎을 꿇는다. 자신의 손을 내쉬의 볼에 대고는 쓰다듬는다.

앨리샤   : 이 느낌.

그녀는 내쉬의 손을 잡고 자신의 볼에 댄다.

앨리샤   : 이 느낌.

그리고 나서 그녀는 내쉬의 손을 자기의 가슴에 댄다.

앨리샤   : 이 느낌. 이게 진짜야. 꿈에서 깨어나는 걸 깨닫는 기능은 아마 여기에 없을지 몰라.

그녀는 손으로 내쉬의 가슴을 만진다.

앨리샤   : (반 정도 기도하듯이) 어쩌면 여기에 있을지 몰라. 나는 기적과 같은 굉장한 일이 가능하다고 믿어.

내쉬는 말 없이 고개를 끄덕인다. 그리고는 그녀의 품 속으로 움직여 든다. 아마도 그의 눈물은 마침내 심한 흐느낌 속에 흐르고 있을 것이다. 두 자그마한 영혼은 온힘을 다해 서로를 부둥켜 안고 있는 것이다.

■ real
　진실, 실재(하는 것), 현실, 실상, 실물, 진짜.

■ stroke
　~을 쓰다듬다, 어루만지다, 달래다.

■ extraordinary
　엄청난, 대단한, 비상한.

Delusions

환상

내쉬는 정신과 약 때문에 부부관계가 소원해진다고 믿고 앨리샤가 주는 약을 복용하지 않고 모아둔다. 그는 약을 복용하지 않아서 다시 망상과 환상에 시달리고, 윌리엄 파처의 지시에 따라 집에서 약간 떨어진 헛간에서 암호해독 작업을 다시 시작한다.

어느 날 폭풍이 올 것 같아서 앨리샤는 빨래를 걷으러 나가고, 내쉬는 아기를 목욕시키게 된다. 앨리샤는 빨래를 걷다가 이상한 소리가 나서 헛간에 갔다가, 헛간의 벽에 온통 붙어 있는 잡지 쪽지를 보고 내쉬의 암호해독 편집증이 다시 생겼다는 것을 알게 된다. 그녀는 순간 아기가 위험하다는 것을 감지하고 집으로 뛰어간다. 목욕탕 물 속에 익사할 뻔한 아기를 가까스로 구한 뒤, 로젠 박사에게 다급하게 전화를 하는데, 내쉬가 파처, 찰스 허만, 마시의 환영에 시달리면서 앨리샤와 충돌을 하게 된다. 그 과정에서 내쉬는 앨리샤가 파처, 찰스 허만, 마시의 환영을 보지 못하는 것을 느끼고 본인이 실제 인물들이 아니라 환영에 시달리고 있다는 것을 알게 된다.

로젠 박사가 집에 도착해서 약물치료를 권하지만 내쉬는 병원에 가서 약물로 집중치료를 받는 것보다는, 정신적·육체적 방황에서 벗어나려는 의지로 병을 풀어보겠다고 결심하고, 아내 앨리샤도 내쉬를 병원으로 보내지 않고 내쉬의 투병을 돕는다.

앨리샤는 존 내쉬가 반드시 정신병에서 기적같이 회복될 수 있을 거라고 생각하며, 환상과 망상에서 깨어나 현실로 돌아오는 것은 내쉬의 머리에 있는 것이 아니고 내쉬의 마음에 달려 있다고 믿는다. 내쉬의 영혼을 치유하기 위한 앨리샤의 헌신적 사랑은 내쉬가 정신병을 극복하는데 결정적인 도움이 된다. 영화 제목인 뷰티풀 마인드는 앨리샤에게 해당되는 말인 것 같다.

Chapter 9

Princeton University
프린스턴대학교

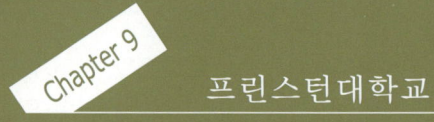

Chapter 9

프린스턴대학교

Princeton University

120. EXT. BLAIR STEPS. PRINCETON UNIVERSITY. MORNING. FALL

Title: PRINCETON UNIVERSITY TWO MONTHS LATER

Nash, in a baggy suit, climbs the steps. Students move across the common. The clothes may be different, but it's the same Prinston Nash entered so many years ago as a freshman.

121. INT. FINE HALL. HALLWAY. DAY
Nash stands before the door. Takes a step forward, a step back, repeats the tiny dance of indecision. He holds Alicia's rose embroidered handkerchief. Holding it tight like a talisman, he knocks on the door.

122. INT. OFFICE. MATH DEPARTMENT
A knock.

HANSEN   : (V.O.) Come.

Nash steps in, agitated, looking worn as he stands in the doorway. Helinger's office, once, years ago. A fellow sits, head bent over a desk.

NASH   : Hello, Martin.

120. 외부. 블레어 계단. 프린스턴대학교. 아침. 가을

자막: 2개월 후 프린스턴대학교

내쉬가 헐렁한 옷을 입고 계단을 올라간다. 학생들은 캠퍼스의 공유지를 가로질러 움직인다. 옷은 달라졌을지 모르나 여러 해 전에 신입생으로서 프린스턴에 입학했을 때와 같은 내쉬이다.

121. 내부. 파인 홀. 복도. 낮

내쉬가 문 앞에 서 있다. 한 걸음 다가섰다가 한 걸음 물러난다. 이렇게 결단을 내리지 못하고 작은 발 놀림을 반복한다. 그는 앨리샤의 장미를 수놓은 손수건을 들고 있다. 그는 그것을 부적처럼 꽉 쥐고서 문을 노크한다.

122. 내부. 연구실. 수학과

노크 소리가 들린다.

한 센   : (목소리) 들어와요.

내쉬가 들어와 문간에 서 있는데 초조하고 지쳐 보인다. 오래 전 한때 헬링거의 사무실이다. 한 친구가 고개를 책상 위에 숙이고 앉아 있다.

내 쉬   : 안녕, 마틴.

- step
  계단, 걸음걸이, 단계, 승진.

- talisman
  부적, 호부(護符) (돌·반지 등), 영검이 있는 것.

- worn
  초췌한, 야윈.

The fellow looks up, familiar face going from confusion to shock. It's Hansen.

HANSEN   : Jesus Christ.

NASH   : No, I... I don't have that one. My savior complex takes on a completely different form.

Nash chuckles. Hansen just stares, his expression almost impossible to decode.

HANSEN   : I heard what happened and well, I... I wanted to write and I tried you at MacArthur's, but you left and I just....

Nash can't stay still, has moved now to a bookshelf displaying an array of prizes, framed awards and medals.

NASH   : This is Helinger's old office.

HANSEN   : (chuckles) Yeah. Yeah, I stole it from him.

NASH   : Seems that you won after all, Martin.

HANSEN   : They were wrong, John. No one wins. Please, please have a seat.

Hansen returns to behind his desk.

HANSEN   : God, it's so good to see you. What brings you back to Princeton?

Nash has a seat.

CHARLES   : (V.O.) John.

그 친구는 쳐다본다. 낯익은 얼굴은 혼란으로부터 충격으로 바뀐다. 그건 한센인 것이다.

한 센 : 오, 주여.
내 쉬 : 아니, 나에게는 예수가 없어. 나의 구세주는 완전히 다른 형태야.

내쉬는 소리없이 웃는다. 한센이 그냥 바라보는데 그의 표정은 거의 설명하기가 불가능하다.

한 센 : 자네 소식은 들었어. 자네에게 편지를 쓰고 싶었어. 맥아더 병원에 갔었는데 퇴원하고 없더군. 그래서 그냥······.

내쉬는 가만히 있을 수 없다. 그는 이미 각종 상과 액자에 넣은 상과 상장 그리고 메달이 진열되어 있는 선반으로 다가갔다.

내 쉬 : 여긴 헬링거의 옛날 연구실이군.
한 센 : (웃는다.) 응. 그래, 내가 훔쳤지.
내 쉬 : 결국 자네가 이긴 것 같군, 마틴.
한 센 : 틀렸어, 존. 승자는 없어. 앉지 그래.

한센은 책상 뒤로 돌아간다.

한 센 : 만나서 반가워. 프린스턴에 왜 돌아온 거야?

내쉬가 의자에 앉는다.

찰 스 : (목소리) 존.

■ savior
구세주, 구조자.

■ complex
복합체, 합성물, 고정 관념.

What brings you back to Princeton?
프린스턴에 왜 돌아온 거야?
• bring back
되돌리다, 가지고〔데리고〕 돌아오다.

What brings you back to Princeton?
프린스턴에 왜 돌아온 거야?

Nash spins over his shoulder to see Charles in the open doorway.

CHARLES : John, I am sorry, but you have to tell him. Tell him you're a genius. You're a genius, John! Tell him your work is critical. John, please!

Nash gestures angrily for Charles to be quiet. A beat. Charles is gone. Turns back to face Hansen, who stares a beat.

NASH : Is there any chance that you could ignore what I just did?

HANSEN : Of course, what are old friends for?

NASH : Is that what we are, Martin? Friends?

HANSEN : John, of course. Of course. We always have been.

A beat. Then Nash just shakes his head.

NASH : Alicia and I think that... that fitting in, being part of a community, might do me some good. That a certain level of attachment, familiar places, familiar people, might help me elbow out these...

He looks up at the door. Charles is there.

NASH : ... these certain delusions that I have. It's a lot to ask, and now that I'm here. I'm quite certain that you will just say no. But I was wondering if I could hang around.

내쉬는 돌아서서 어깨 너머로 열린 문에 서 있는 찰스를 본다.

찰 스 : 존, 미안해. 하지만 한센에게 말해야 해. 자네
　　　　가 천재라고 말해. 자네는 천재야! 자네의 일이
　　　　얼마나 중요한지 말해. 존, 제발!

내쉬가 찰스에게 조용히 하라고 화를 내면서 몸짓을 한다. 잠시. 찰스는
사라졌다. 한센을 보기 위해 돌아선다. 한센은 잠시 바라본다.

내 쉬 : 내가 방금 한 이상한 행동을 이해해 주겠나?
한 센 : 물론이지. 친구 좋다는 게 뭔가?
내 쉬 : 우리가 친구 맞지, 마틴? 친구?
한 센 : 존, 물론. 물론이지. 우린 항상 친구였어.

잠시. 그리고 나서 내쉬는 단지 고개를 젓는다.

내 쉬 : 내가 사람들을 가까이 해서 집단의 일부가 되
　　　　는 게 나에게 도움이 될 거라고 앨리샤와 나는
　　　　생각해. 익숙한 장소와 사람들을 만나면 내가
　　　　갖고 있는 이…

그는 문을 쳐다본다. 찰스가 거기에 있다.

내 쉬 : …이 망상들이 사라지는데 도움이 될 것 같고.
　　　　부탁이 너무 과하지만 내가 상황이 지금 그래.
　　　　자네가 거절할 게 확실하지만. 내가 학교 주변
　　　　에 있어도 괜찮을까 하고.

- **genius**
  천재, 특수한 재능, 재주.

- **fit in**
  조화하다, 들어맞다, ~에 맞추다, ~와 일
  치하다.

- **community**
  공동 사회, 지역 사회, 공동체.

- **attachment**
  애착, 애정, 부착, 붙임.

- **elbow out**
  (팔꿈치로) ~를 밀어내다.

- **hang around**
  어슬렁거리다, ~와 함께 시간을 보내다,
  꾸물거리다, 귀찮게 달라붙다.

What are old friends for?
친구 좋다는 게 뭔가?
구어체에서 자주 쓰이는 표현으로 암
기해 사용하는 것이 좋다. 그냥 단순히
'What are friends for?'로 쓰기도 한다.

이것만은 꼭!

What are old friends for?
친구 좋다는 게 뭔가?

HANSEN : (sighs) Huh.

Hansen stares at him across the desk, this arch rival, this old friend. It is a long moment before he speaks. Then....

HANSEN : Will you be needing an office?

NASH : No. No, I could just work out of the library.

123. INT. HALLWAY. FINE HALL. AFTERNOON
A young adjunct is trailing Hansen along the hallway and then down the stairs.

ADJUNCT : Well, this guy tries to wander into the library, but he doesn't have I.D.

HANSEN : Why can't people read their memos, huh?

ADJUNCT : Then he goes totally nuts.

They arrive at the picture window at the end of the hall. Hansen looks down, expression darkening.

124. COURTYARD. PRINCETON UNIVERSITY
Through the window. Amidst crowd of gaping students, Nash is storming the courtyard in tight figure eights, cursing at the empty air.

NASH : Not real. You're not real. There's no mission.

125. INT. HALLWAY. FINE HALL

HANSEN : Oh, shit! Shit!

He turns and walks up stairs.

한 센 : (한숨을 쉰다.) 어…….

한센은 책상 너머로 그를 바라본다. 이 교활한 라이벌, 이 옛 친구가 이런 꼴이라니. 한참이 지나서야 그는 말을 한다. 그리고는…….

한 센 : 사무실이 필요한가?
내 쉬 : 아니. 아니, 도서관에서 그냥 연구하면 돼.

123. 내부. 복도. 파인 홀. 오후
한 젊은 조수가 복도를 따라 한센을 쫓아오며 층계 아래로 내려간다.

조 수 : 이 사람이 도서관에 들어오려고 하는데 학생증이 없었어요.
한 센 : 왜 협조문을 읽지 않는 거죠?
수 위 : 그리곤 완전히 미친 사람처럼 됐어요.

그들은 복도 끝에 있는 그림 창문에 도착한다. 한센이 내려다보다가 표정이 어두워진다.

124. 안뜰. 프린스턴대학교
창문을 통해서. 많은 놀란 학생들 가운데, 내쉬가 뜰을 내달으며 8자 모양으로 걸으며 빈 의자에다 욕설을 퍼붓고 있다.

내 쉬 : 진짜가 아니야. 넌 진짜가 아니야. 임무 따윈 없어.

125. 내부. 복도. 파인 홀

한 센 : 젠장! 젠장!

그는 돌아서 층계를 올라간다.

- **adjunct**
  (대학의) 임시(비상근) 직원, 조수, 부속물.

- **wander**
  어슬렁거리다, 헤매다, 길을 잃다.

- **I.D.**
  신분 확인증(교내에서는 학생증).
  = identification

- **gaping**
  (놀라서) 입을 벌리고 멍하니 바라보는,
  (지면 따위가) 크게 갈라진.

- **curse**
  욕을 퍼붓다, 저주하다, 악담하다.

He goes totally nuts.
그가 완전히 미쳐 버렸어요.
• go nuts
미치다, 열중하다.

He goes totally nuts.
그가 완전히 미쳐 버렸어요.

126. EXT. COURTYARD. PRINCETON UNIVERSITY. AFTERNOON
Nash walks his figure eights.

NASH   : Not real. You're not real.

Parcher keeps pace, matching Nash step for step, right in his face.

PARCHER   : Is that what you are, soldier? Some useless ghoul? The
                local madman?

NASH   : I'm not a soldier.

PARCHER   : You're gonna end up in a cell! Old, worthless,
                discarded.

NASH   : There's no mission.

PARCHER   : And while you rock and drool, the world will burn to
                ashes!

NASH   : You are not real! You are not real!

PARCHER   : You're still talking to me, soldier.

NASH   : There's no mission! I'm not a soldier!

The gaping students stand watching Nash's behavior. Hansen rushes to him. Hansen
grabs him, talking to him.

HANSEN   : John? John? John. John. Hey. Hey. Hey. Hey. John. John!
                It's okay.

Nash stops. Faces Hansen.

HANSEN   : I just heard what happened. I'm sorry, John.

126. 외부. 안뜰. 프린스턴대학교. 오후
내쉬가 8자 모양으로 걷는다.

내 쉬 : 진짜가 아니야. 넌 진짜가 아니야.

파처가 바로 내쉬의 앞에서 그의 발자국을 따라서 걸음걸이를 맞춘다.

파 처 : 이게 당신이야, 요원? 쓸모 없는 귀신? 동네 미치광이?

내 쉬 : 난 스파이가 아니야.

파 처 : 결국 넌 감옥에서 끝날거야! 늙고 쓸모 없는 버려진 인생.

내 쉬 : 임무 따윈 없어.

파 처 : 자네가 헤매는 동안 세계는 잿더미가 될 거야!

내 쉬 : 당신은 진짜가 아니야! 당신은 환상이야!

파 처 : 여전히 나한테 이야기를 하고 있잖아.

내 쉬 : 임무 따윈 없어! 난 요원도 아니야!

학생들이 놀라서 내쉬의 행동을 바라보고 있다. 한센이 내쉬에게 달려온다. 내쉬를 붙잡고 말한다.

한 센 : 존? 존? 존. 존. 이봐. 이봐. 이봐. 이봐. 존. 존!
　　　 괜찮아.

내쉬가 멈춰 서서 한센을 향한다.

한 센 : 어떤 일이 있었는지 막 들었어. 미안해, 존.

■ keep pace
　걷는 걸음 속도를 맞추다, 보조를 맞추다.

■ step for step
　같은 보조로.

■ ghoul
　송장을 먹는 귀신, 도굴꾼, 잔인한 사람.

■ end up
　결국에는 ~이 되다, 끝내다.

■ cell
　독방, 작은 방, 세포.

■ discard
　버리다, 해고하다.

■ rock
　흔들다, 진동시키다.

■ drool
　시시한〔두서없는〕말을 하다, 감상적인 어조로 말하다, (침)을 흘리다.

■ ash
　〈보통 복수형으로〉재, 화산재, 폐허.

I'm not a soldier!
난 요원이 아니야!
• soldier
　군인, (여기서는) 요원.

9

I'm not a soldier!
난 요원이 아니야!

NASH   : I'm not a soldier.

Nash is looking around. At the gaping students. All staring at him.

HANSEN   : John. Hey, Nash. Nash, hey. Hey, you're all right.

His eyes are hollow with shame, defeat. A beat. Then he walks off towards the gate.

HANSEN   : Nash. Nash.

But Nash keeps walking. Parcher smiles. Open his arms.

PARCHER   : (shouts) Ladies and Gentleman, the great John Nash!

HANSEN   : (following him) John?

127. EXT. NASH HOUSE. EVENING
Alicia sits across the table. Nash's face and posture are a portrait of surrender. They have already finished dinner.

NASH   : You should've seen their faces. Everybody was just staring at me.

ALICIA   : John, you know that stress triggers the delusions.

NASH   : I know. But then, on the way home, Charles was there. Sometimes, I really miss talking to him.

Alicia opens her moth to speak. No words.

내 쉬 : 난 요원이 아니야.

내쉬는 주위를 둘러본다. 놀란 학생들을 바라본다. 그들 모두가 그를 보고 있다.

한 센 : 존. 이봐, 내쉬. 내쉬, 이봐. 이봐, 괜찮아.

그의 눈은 수치심과 패배감으로 공허하다. 잠시. 그리고는 문을 향해서 걸어간다.

한 센 : 내쉬. 내쉬.

하지만 내쉬는 계속 걷는다. 파처가 미소를 지으며 팔을 벌린다.

파 처 : (소리친다.) 신사 숙녀 여러분, 잘난 존 내쉬입니다!

한 센 : (그를 따르면서) 존?

127. 외부. 내쉬 집. 저녁
앨리샤가 테이블 맞은 편에 앉아 있다. 내쉬의 얼굴과 자세는 항복의 초상이다. 그들은 이미 저녁식사를 마쳤다.

내 쉬 : 사람들 얼굴을 봤어야 해. 모두들 나만 쳐다봤어.

앨리샤 : 존, 스트레스가 환상을 유도하는 거 알잖아?

내 쉬 : 알아. 하지만 집에 오는 길에 찰스가 나타났어. 가끔 찰스와 얘기하던 게 정말 그리워.

앨리샤는 말하기 위해 입을 연다. 말은 없다.

■ trigger
유발하다, ~의 계기가 되다, 방아쇠를 당기다.

■ on the way
~로 가는 도중에.

■ miss
그리워하다, 놓치다.

> **You should've seen their faces.**
> 당신이 그들의 얼굴을 봤어야만 해요.
> 'should have + p.p.'는 과거의 사실에 대한 후회를 나타낸다. 즉 '···했어야만 하는데 (하지 않았다)'의 뜻이 된다.

You should've seen their faces.
당신이 그들의 얼굴을 봤어야만 해요.

NASH : Maybe Rosen's right. Maybe I have to think about going back into the hospital again.

ALICIA : No. Come here.

Alicia holds Nash's hand tight.

ALICIA : (searching) Maybe try again tomorrow.

Hold on this couple, sits together against all the dark in the world.

128. EXT. BLAIR STEPS. PRINCETON UNIVERSITY. MORNING
Nash climbs the steps, trailed by Charles and Marcee.

129. INT. FINE HALL. MORNING
Students file into a classroom. Nash faces Charles and Marcee.

CHARLES : John, now, you can't ignore me forever.

NASH : Charles, you've been a very good friend to me. The best. But I won't talk to you again. I just can't.

Nash bends on one knee before Marcee. Nash looks at Marcee, talking to her.

NASH : Same goes for you, baby girl.

Marcee sniffs. Nash kisses her forehead.

NASH : Goodbye. Goodbye.

내 쉬   : 로젠이 옳을지 몰라. 병원으로 다시 돌아가는
            걸 고려해봐야 될 것 같아.
앨리샤   : 아니야. 손 이리 줘.

앨리샤가 내쉬의 손을 꼭 잡는다.

앨리샤   : (탐색하면서) 내일 다시 가봐.

이 세상의 모든 어둠을 등지고 함께 앉아 있는 이 부부에게 클로즈 업.

128. 외부. 블레어 계단. 프린스턴대학교. 아침
내쉬가 계단을 올라가는데 찰스와 마시가 따라온다.

129. 내부. 파인 홀. 아침
학생들이 교실로 들어간다. 내쉬는 찰스와 마시를 마주하고 있다.

찰 스   : 존, 이제 날 영원히 무시할 순 없어.
내 쉬   : 찰스, 자넨 나한테 아주 좋은 친구였어. 최고의
            친구였어. 하지만 다신 너와 얘기 안 할 거야.
            할 수 없어.

내쉬가 마시 앞에서 한쪽 무릎을 구부린다. 그는 마시를 바라보며 말한다.

내 쉬   : 너도 마찬가지야, 공주님.

마시는 코를 훌쩍거린다. 내쉬가 마시의 이마에 입을 맞춘다.

내 쉬   : 잘 가. 잘 가.

■ file
(군대가) 1렬 종대로 행진하다, 행진시키다, 이동시키다.

■ bend
몸을 구부리다, (마음·노력을) 기울이다.

You've been a very good friend to me.
자넨 나에게 아주 좋은 친구였어.
• have been
과거의 한시점으로부터 현재까지 좋은 친구로 느끼기 때문에 현재완료를 사용한다.

You've been a very good friend to me.
자넨 나에게 아주 좋은 친구였어.

A professor comes to the doorway and stops to stare at this odd man on his knee, talking towards thin air. Over his shoulder a figure stands watching down the hall. Parcher. Nash rises, faces the professor.

NASH : I was wondering if I might audit your course.

The young professor's eye narrow. He seems suddenly flustered.

PROFESSOR #4 : It's… it's an honor, Professor Nash. Is something wrong?

Nash is about to step through the door. He stops.

NASH : This will be my first class. (to the students) Good morning, eager young minds.

Nash steps over the threshold.

130. INT. LIBRARY. PRINCETON UNIVERSITY. DAY
Nash scrawls symbols over a window with a wax pencil, pacing, mumbling to himself. Nash stops, rests his head against the glass, defeated. He continues muttering numbers. Some students stare at him, stunned.

131. EXT. LIBRARY. PRINCETON UNIVERSITY. DAY. FALL. 1963
Nash walks towards the library with an umbrella in his hand. He looks slightly older. Charles and Marcee sits waiting for Nash in front of the building.

CHARLES : It's never gonna work, John. You're just humiliating yourself. It's pathetic! You are being pathetic. I'm ashamed of you.

He enters the building without saying anything.

한 교수가 문에 나와 서서, 이 이상한 사람이 무릎을 꿇고 허공에 대고 말하는 것을 보게 된다. 그의 어깨 너머로 한 인물이 복도를 바라보며 서 있다. 파처더. 내쉬는 일어나 교수를 마주한다.

내 쉬 : 수업 청강을 해도 괜찮을지 모르겠소.

젊은 교수의 눈이 가늘어진다. 그는 갑자기 어리둥절한 것 같다.

교수 4 : 이거… 영광입니다, 내쉬 교수님. 뭐가 잘못 됐나요?

내쉬는 문을 통해 막 걸어 들어가려다가 멈춘다.

내 쉬 : 내 첫 수업이 될 거요. (학생들에게) 안녕하세요, 열망하는 젊은이들.

내쉬가 입구를 넘어선다.

130. 내부. 도서관. 프린스턴대학교. 낮
내쉬가 기호를 왁스 연필로 창문 위에 휘갈기면서 왔다 갔다 하며 뭐라고 중얼거린다. 내쉬가 멈춰 서서 좌절한 채로 유리에 머리를 기대고 계속 뭔가를 중얼거린다. 학생들이 놀라서 그를 바라본다.

131. 외부. 도서관. 프린스턴대학교. 낮. 1963년 가을
내쉬가 손에 우산을 들고 도서관을 향해 걷는다. 약간 늙어 보인다. 찰스와 마시가 건물 앞에서 내쉬를 기다리고 있다.

찰 스 : 존, 다 소용이 없을 걸. 창피만 당할 거야. 가여운 친구. 딱하군. 자네가 창피해.

그는 아무 말도 하지 않고서 건물 안으로 들어간다.

■ audit
청강하다, (회계)를 감사하다.

■ eager
열심인, 열망하는, 간절히 하고 싶어하는.

■ threshold
문지방, 입구.

■ mumble to oneself
혼잣말로 중얼거리다.
• mumble
중얼중얼〔우물우물〕 말하다.

You're just humiliating yourself.
창피만 당할 거야.
• humiliate
창피를 주다, 굴욕감을 갖게 하다.

You're just humiliating yourself.
창피만 당할 거야.

132. EXT. CAMPUS. PRINCETON UNIVERSITY. DAY. SUMMER
Nash walks across campus, briefcase clutched in his hugging arms. He looks older than before. Worn-out look. He wears glasses. Students trail, books hugged to their chests in taunting mimicry. Nash looks back and students laugh.

STUDENT #3 : Oh, man!

The laugh continues.

133. EXT. NASH HOUSE. DAY. SPRING
Alicia stands waiting. She checks her watch with the car door opened.

ALICIA   : Are you coming? You're gonna be late.

Nash comes out of the house followed by their son.

SON   : Dad, you've got my books.

NASH   : What?

SON   : Got my books.

NASH   : Oh, right.

They switch their books.

SON   : Thanks.

NASH   : Goodbye.

SON   : Bye.

ALICIA   : (V.O.)(in the car) See you tonight. (to her son) Bye, honey.

Nash, Alicia and their son go their respective ways. Nash walks off, muttering numbers.

132. 외부. 캠퍼스. 프린스턴대학교. 낮. 여름
내쉬가 캠퍼스를 걷고 있는데 가방을 팔에 꽉 껴안고 있다. 전보다 더 늙어 보인다. 초췌한 표정. 안경을 쓰고 있다. 학생들이 내쉬를 따라가면서 책을 가슴에 껴안고 내쉬 흉내를 내며 비웃고 있다. 내쉬가 돌아보자 학생들이 웃는다.

학생 3 : 오!

웃음은 계속된다.

133. 외부. 내쉬 집. 낮. 봄
앨리샤가 기다리고 있다. 그녀는 차문을 열고서 시계를 본다.

앨리샤 : 안 나오는 거야? 당신 늦겠어.

내쉬가 집을 나서고 아들이 뒤를 따라나온다.

아 들 : 아빠, 제 책을 가지고 계세요.
내 쉬 : 뭐라고?
아 들 : 제 책을 갖고 계시다구요.
내 쉬 : 오, 그렇구나.

책을 서로 바꾸어 든다.

아 들 : 고마워요.
내 쉬 : 잘 갔다 와.
아 들 : 안녕히 다녀오세요.
앨리샤 : (목소리)(차에서) **밤에 봐요.** (아들에게) **잘 가라.**

내쉬, 앨리샤 그리고 아들은 각자 다른 방향으로 간다. 내쉬는 숫자를 중얼거리며 걸어간다.

■ clutch
꼭 부둥켜안다, 단단히 쥐다, (마음)을 사로잡다.

■ taunting
비웃는, 힐책하는, 조롱하는.

■ mimicry
흉내, 모방, 모조품.

Are you coming?
갈 겁니까?
역시 진행형으로 미래를 나타내는 표현이다.
= Will you come?

9

Are you coming?

갈 겁니까?

134. INT. CLASSROOM. PRINCETON UNIVERSITY. DAY. SPRING
The blackboards are covered with equations. He turns to face the empty classroom and notices William Parcher standing at the doorway. Parcher smiles at him. Nash stares at Parcher, turns and begins erasing the blackboards.

135. EXT. BLAIR STEPS. PRINCETON UNIVERSITY. DAY. SPRING
Nash climbs the familiar steps. He looks much older. He catches a glimpse of a familiar figure staring at him. Marcee. She holds up her arms but Nash just walks past her.

136. EXT. COURTYARD. PRINCETON UNIVERSITY. DAY. SPRING
Nash rides his bicycle in figure eights. Mumbling.

Title: PRINCETON UNIVERSITY OCTOBER 1978

137. EXT. LIBRARY. PRINCETON UNIVERSITY. DAY. FALL. 1978
Nash looks down at campus through rows of symbols that cover the glass before him. It has been 12 years since he left here.

138. INT. LIBRARY. MINUTES LATER
Nash turns away from the window and sits on the chair.

STUDENT #4 : Did you just solve Riemann?

Nash looks up to face a skinny student who gestures to the window, covered with orderly rows of symbols.

NASH : Well, what do you think?

STUDENT #4 : Huh. That's an analog to Frobenius for noncommutative extensions. (chuckles)

NASH : Yes, it is. But it only appears to work sporadically, so no. But I believe I'm making progress.

STUDENT #4 : You're... you're John Nash, right?

134. 내부. 교실. 프린스턴대학교. 낮. 봄
칠판은 수학 방정식으로 덮여 있다. 내쉬는 돌아서서 빈 강의실을 바라보다가 윌리엄 파처가 문 앞에 서 있다는 것을 알아챈다. 파처는 그에게 미소를 짓는다. 내쉬는 파처를 보다가 돌아서서 칠판을 지우기 시작한다.

135. 외부. 블레어 계단. 프린스턴대학교. 낮. 봄
내쉬가 낯익은 계단을 오른다. 더 늙어 보인다. 그는 자신을 응시하고 있는 낯익은 마시를 흘긋 보게 된다. 그녀는 자신의 팔을 들지만 내쉬는 그냥 그녀 곁을 지나친다.

136. 외부. 안뜰. 프린스턴대학교. 낮. 봄
내쉬가 자전거를 8자 모양으로 타고 있다. 중얼거린다.

자막: 1978년 10월 프린스턴대학교

137. 외부. 도서관. 프린스턴대학교. 낮. 1978년 가을
내쉬가 자기 앞에 온갖 기호로 덮여 있는 유리창을 통해서 캠퍼스를 내다본다. 이곳을 떠난 지 벌써 12년이 흘렀다.

138. 내부. 도서관. 몇 분 후
내쉬가 창문으로부터 돌아서 의자에 앉는다.

학생 4 : 리만 이론을 푸신 거예요?

내쉬는 정리된 방정식으로 덮인 유리창을 가리키는 마른 학생을 바라본다.

내 쉬 : 어떻게 생각하나?
학생 4 : 저, 프로베니우스의 비상호적 연장 이론 업적에 필적하는 거예요. (웃는다.)
내 쉬 : 응, 그래. 그런데 산발적으로만 적용이 돼. 그래서 그렇게 대단치는 않아. 그래도 진전이 있는 것 같아.
학생 4 : 혹시… 존 내쉬 교수님 맞지요?

- equation
  방정식, 균등, 평형 상태.

- skinny
  바싹 여윈, 열등한.

- orderly
  정돈된, 질서 있는, 순서 바른.

- analog(ue)
  유사물, 유사체, 대등한 것.

- commutative
  상호적인, 교환 가능한.

- extension
  연장, 확장, 확대.

- sporadically
  산발적으로, 이따금, 드문드문.

I believe I'm making progress.
진전이 있는 것 같아.
• progress
〈진행형과 함께〉(~에 있어서의) 발전, 향상.

I believe I'm making progress.

진전이 있는 것 같아.

Nash nods.

STUDENT #4 : Toby Kelly.

NASH   : Hello.

They shake hands.

STUDENT #4 : I've been studying your equilibrium. The one you
              wrote here, at Princeton. To come up with something
              totally original, the way you did.

NASH   : You know, I was young. (chuckles)

STUDENT #4 : Umm, I've been developing a theory.

The student slides his notebook towards Nash. Nash opens the notebook and checks
it. Nash looks at this boy, the fevered ambition in his eyes so bright, so familiar.

STUDENT #4 : I believe I can prove that Galois extensions are covering
              spaces. That everything, everything is connected. That
              it's all part of the same subject.

Nash walks over to his desk.

NASH   : When was the last time you ate?

The boy stares at him blankly. Nash reaches into his lunch bag.

STUDENT #4 : Excuse me?

NASH   : You know, food.

내쉬는 고개를 끄덕인다.

학생 4 : 전 토비 켈리예요.
내 쉬 : 반갑네.

그들은 악수를 한다.

학생 4 : 전 교수님의 균형이론을 공부해요. 프린스턴에
계실 때 쓰신 거요. 교수님 방식처럼 아주 독창
적인 걸 생각해내기 위해서.
내 쉬 : 그때는 젊었었지. (웃는다.)
학생 4 : 저도 이론을 하나 연구 중입니다.

그는 자신의 노트를 내쉬에게 건넨다. 내쉬는 노트를 펼치고 검토한다. 내쉬는 이 학생을 바라본다. 그의 눈에 비치는 열망하는 야망이 매우 밝고 아주 낯이 익다.

학생 4 : 갈로아 연장 이론이 우주를 지배한다는 것을
증명할 수 있어요. 모든 것, 모든 사물은 연결되
어 있다는 걸요. 같은 주체의 일부라는 것을요.

내쉬는 자신의 책상으로 걸어간다.

내 쉬 : 마지막으로 먹은 게 언제지?

그 학생은 그를 멍하니 바라본다. 내쉬는 도시락을 찾는다.

학생 4 : 무슨 말씀이신지?
내 쉬 : 식사 말이야.

■ theory
이론, 학설.

■ fevered
몹시 흥분한, 매우 강한.

■ space
우주, 공간, 시간, 간격.

■ subject
주체, 주제, 과목, 국민.

Excuse me?
무슨 말씀이신지요?
= I beg your pardon?
= Pardon?
= Sorry?
= I'm sorry?

Excuse me?
무슨 말씀이신지요?

STUDENT #4 : Oh, uh....

NASH : My wife, she loves mayonnaise.

Nash slides half a sandwich across to the puzzled boy.

STUDENT #4 : Oh, thank you. Thank you.

NASH : Go on.

The boy sits beside Nash.

STUDENT #4 : The function... is in the two categories.

NASH : Um-hmm.

139. EXT. MAIN GATE. PRINCETON UNIVERSITY. AFTERNOON
Alicia, now ten years older, gentle lines around her eyes, stands waiting. Hansen rushes to Alicia.

HANSEN : Alicia! Alicia!

140. INT. LIBRARY. PRINCETON UNIVERSITY. MOMENTS LATER
Alicia and Hansen walk in. She finds her husband and stands just behind Hansen, her eyes wide.

NASH : (V.O.) ...coming together at maximum speed of let us say 10 miles per hour. So you have a fly on the tire of bicycle B, and the fly, who can travel at 20 miles an hour, leaves the tire of bicycle B and....

학생 4   : 아… 네.
내 쉬   : 내 아내는 마요네즈를 좋아해.

내쉬는 그 어리둥절한 학생에게 샌드위치 반을 건넨다.

학생 4   : 어, 고맙습니다. 고마워요.
내 쉬   : 계속해 보게.

그 학생은 내쉬 옆에 앉는다.

학생 4   : 그 기능은 두 개의 범주예요.
내 쉬   : 음.

139. 외부. 정문. 프린스턴대학교. 오후
이제 10년이나 더 늙은 앨리샤가 서서 기다리고 있는데 눈가에 잔주름이
나 있다. 한센이 뛰어온다.

한 센   : 앨리샤! 앨리샤!

140. 내부. 도서관. 프린스턴대학교. 잠시 후
앨리샤와 한센이 들어온다. 앨리샤가 남편을 발견하고는 놀란 눈으로 한
센 뒤에 서 있다.

내 쉬   : (목소리) …최고의 속도를 시속 10마일이라고 치
           자. B자전거 바퀴에 파리가 붙어 있어. 시속
           20마일인 파리가 B자전거 바퀴에서 날아서…

■ category
  영역, 범주, 카테고리.

■ fly
  파리, 날벌레.

Go on.
계속해 보게.
 • go on
   계속해서 ~하다, 계속하다.

9

Go on.
계속해 보게.

Nash sits around a table with the skinny student and other two students, talking intently about a series of equation.

NASH : ... it flies to the tire of bicycle A and backwards and forwards and so on and so forth until the two bikes collide and the poor little fly is squashed.

The students chuckle. The way Nash explains, the way the students reacts, how they laugh, they look like nothing more than professor and students. Hold on Alicia, eyes sparkling. And she smiles.

NASH : This is the important thing about actually focusing in and comprehending the area that you're dealing with. Mathematics is very specific, and it is an art form, no matter what these people around here will tell you, especially the people from biology. Don't listen to any of those people.

The students chuckle again.

NASH : Let me go back to what you were doing before. I might want to steal this, write a book and get famous.

141. EXT. CAMPUS. PRINCETON UNIVERSITY. DAY. FALL
Nash and Hansen walk together. Long-haired students toss Frisbees and play.

NASH : I was thinking that I might teach.

내쉬는 그 깡마른 학생과 두 명의 다른 학생과 함께 책상에 둘러앉아 열심히 일련의 방정식에 대해서 학생들에게 강의를 하고 있다.

내 쉬 : …그것이 A자전거의 바퀴로 간다. 앞뒤로 계속 왔다 갔다 하다가 두 자전거에 부딪히면서 불쌍한 파리가 으스러진다.

학생들은 웃는다. 내쉬가 설명하는 방식, 학생들이 반응하는 태도, 그들이 웃는 모습, 그들은 바로 교수와 학생 사이인 것처럼 보인다. 엘리샤에게 클로즈 업. 눈이 반짝인다. 그리고 미소를 짓는다.

내 쉬 : 여러분들이 다루는 분야를 실제로 집중하고 이해하느냐가 중요한 거야. 수학은 아주 특별해서 하나의 예술이야. 주위의 사람들이 여러분에게 뭐라 하든 말이야. 그 사람들 말을 듣지 마. 특히 생물 전공자의 말은 듣지 마.

학생들은 다시 웃는다.

내 쉬 : 조금 전에 말하던 여러분의 연구로 다시 이야기를 돌리지. 이 연구 아이디어를 훔쳐 책으로 써서 유명해져야겠어.

141. 외부. 캠퍼스. 프린스턴대학교. 낮. 가을
내쉬와 한센이 같이 걷고 있다. 머리가 긴 학생들이 원반던지기 놀이를 하고 있다.

내 쉬 : 학생들을 가르칠까 해.

- backward(s)
  뒤를 향해, 거꾸로, 퇴보하여.

- forward(s)
  앞으로, 전방으로, 장래에.

- squash
  으스러지다, 으깨지다.

- no matter what
  비록 무엇이 ~한다 하더라도.

- Frisbee
  (공중에 던지며 노는) 플라스틱제 원반.

Let me go back to what you were doing.
여러분이 하던 걸로 되돌아갈게요.
- go back
  (본래) 장소로 되돌아 가다, 회고하다, 거슬러 올라가다.

Let me go back to what you were doing.
여러분이 하던 걸로 되돌아갈게요.

HANSEN : A classroom with 50 students can be daunting for anyone. John, besides, you're a terrible teacher.

Hansen chuckles.

NASH : I'm an acquired taste, Martin. I was hoping there still might be something I could contribute.

HANSEN : What about the.... Well, you know. Are they gone?

Nash looks around. He sees Charles, Marcee, and Parcher walking along. They stare at him with little emotion.

NASH : No, they're not gone. And maybe they never will be. But I've gotten used to ignoring them, and I think as a result they've kind of given up on me. You think that's what it's like with all our dreams and our nightmares, Martin? You've got to keep feeding them for them to stay alive?

HANSEN : John, they haunt you, though.

NASH : They're my past, Martin. Everybody's haunted by their past. Well, goodbye.

Nash nods, begins to head off. They have come, now, to one of the stone gaming tables where a couple of kids are finishing up a game of Go.

HANSEN : John, I'll talk to the department. Maybe in the spring. Hey, Nash?

한 센 : 수강생이 50명인 수업은 누구에게나 쉽지 않아. 게다가 자넨 형편 없는 교수잖아.

한센이 킬킬 웃는다.

내 쉬 : 조금씩 나아지고 있어, 마틴. 뭔가에 기여할 수 있을 것 같아서.
한 센 : 그건 어떤가… 어, 알다시피. 사라졌나?

내쉬가 주위를 살핀다. 그는 옆에서 함께 걷고 있는 찰스, 마시, 파처를 본다. 그들은 별 감정 없이 내쉬를 바라본다.

내 쉬 : 아니, 그냥 있어. 영원히 사라지지 않을지도 몰라. 하지만 그것들을 무시하는데 익숙해졌어. 결국 그들도 나를 포기했다고 생각해. 자네 생각에는 그게 우리의 꿈이나 악몽 같은 거지, 마틴? 그것들이 사라지지 않기를 원하기 때문에 계속 간직해야만 하는……?
한 센 : 존, 하지만 자네를 따라다니잖아?
내 쉬 : 내 과거야, 마틴. 누구에게나 과거는 있어. 잘 가게.

내쉬는 고개를 끄덕하고는 자리를 뜨기 시작한다.
그들은 이제 두 명의 학생이 바둑 게임을 끝내고 있는 바둑판 하나에 와 있다.

한 센 : 존, 내가 학과에 얘기해 볼게. 봄 학기에. 이봐, 내쉬?

- **daunt**
  주춤〔움칠〕하게 하다, 으르다.

- **terrible**
  서투른, 엉망의, 무서운, 굉장한.

- **contribute**
  기여〔공헌〕하다, 기부하다, 도움이 되다.

- **give up**
  포기〔단념〕하다, 그만두다, (신앙 등)을 버리다.

- **feed**
  유지하다, 만족시키다, 공급하다, 먹을 것을 주다.

- **alive**
  활발한, 생생한, 살아 있는.

- **haunt**
  (생각 따위가) 늘 붙어 따라다니다, 따라다니며 괴롭히다, 종종 방문하다.

- **past**
  과거, (어두운) 경력, 과거의 생활.

I'm an acquired taste.
조금씩 나아지고 있어.
원래는 가르치는 것을 잘 못했는데, '후천적으로 노력해서 습득한 감식력 (acquired taste)'이 있다는 것을 의미한다.

I'm an acquired taste.
조금씩 나아지고 있어.

Nash spins. Hansen flips a stone and catches it in his hand.

HANSEN : You're... scared?

Nash stares at him. Then he grins and walks over to him.

NASH : Terrified. Mortified. Petrified. Stupefied by you. Now you ought best ring Alicia, or you're gonna get me.

HANSEN : I'll ring her.

NASH : In an awful lot of trouble.

As Nash goes and sit down, pull back and up over these two old friends, playing with the hearts of the boys they once were.

내쉬가 돌아선다. 한센이 바둑알 하나를 집어 위로 올렸다 다시 잡는다.

한 센   : 자네… 두렵나?

내쉬는 그를 응시한다. 그리고 나서 싱긋 웃으며 그에게 다가간다.

내 쉬   : 겁에 질리고 기에 눌리고 망연자실하고 넋을
            빼앗긴 느낌이야. 자네가 내 아내에게 전화 잘
            해 줘야 해. 그렇지 않으면 자네가 날 책임져야
            한다고.
한 센   : 내가 전화할게.
내 쉬   : 아주 곤란해져.

내쉬가 가서 앉자 카메라는 뒤로 물러나 그들이 한때 소년이었을 때의
그 마음으로 게임을 하고 있는 이 두 친구들을 비춘다.

- **flip**
  (손톱·손가락으로) 튀기다, 홱 던지다, 뒤
  집다, 뒤엎다.

- **ring**
  전화를 걸다, 벨이 울리다.

- **awful**
  대단한, 굉장한, 두려운.

Princeton University
프린스턴대학교

2개월 후, 존 내쉬는 집에 혼자 있는 것보다는 지역사회에 소속되는 것이 자신이 겪고 있는 정신병에서 헤어나는데 도움이 될 거라는 생각에서, 프린스턴대학교 수학과 학과장을 맡고 있는 한센을 찾아간다. 한센은 내쉬가 도서관에서 연구를 할 수 있도록 공문을 써주지만, 직원이 공문을 읽어보지 않고 내쉬에게 도서관증을 요구한다. 이 일로 내쉬의 이상한 행동이 돌출하게 되고 마침내 파처의 환상과 싸우게 되어 많은 사람의 웃음거리가 된다. 내쉬가 집으로 돌아와서 실망을 많이 하며 병원으로 돌아갈 것을 고려하지만, 앨리샤는 내쉬가 다시 학교에 갈 수 있도록 격려한다.

존 내쉬는 다시 학교로 가고, 정신병을 극복하려는 불굴의 의지로 환영을 무시하려고 노력한다. 환영이 내쉬에게 말을 걸어와도 대답하지 않고 자신의 연구에 몰두하려고 노력한다. 내성적인 모습과 가방을 팔에 꽉 껴안고 뒤뚱거리며 걷는 모습은 학생들의 조롱과 비웃음의 대상이 되기도 한다.

　　도서관에서 연구를 시작한 지 오랜 세월이 지난 1978년, 드디어 정
신병의 혼돈과 방황에서 헤어나 도서관에서 연구하는 학생들을 대상
으로 형식 없는 강의를 하게 된다. 내쉬는 아직도 환영에 시
달리지만 본인의 강인한 의지로 환영을 무시하고
자 노력하며, 학생들을 가르치고 싶다는 의욕을
한센에게 보인다.

Chapter 10

A Nobel Prize

노벨상

A Nobel Prize

노벨상

시간 02:00:03 ~ 02:08:30

Title: PRINCETON UNIVERSITY MARCH 1994

142. INT. FINE HALL. PRINCETON UNIVERSITY. 1994
The door swings open. Nash emerges amidst a gaggle of students. The way the students cling to him, jabbering, this man is one fine teacher.

STUDENT #5 : Thank you, Professor.

NASH : Goodbye.

STUDENT #6 : Have a nice day.

NASH : Goodbye.

STUDENT #7 : See you.

STUDENT #8 : Thank you.

NASH : Papers in hand, Mr. Beyer.

KING : Professor Nash?

A man is standing by the doorway. This is Thomas King. Nash's smile is polite, but vaguely puzzled. Turns to a female student, pointing to the King.

자막: 1994년 3월 프린스턴 대학교

142. 내부. 파인 홀. 프린스턴대학교. 1994년

문이 홱 열리고 내쉬가 학생들이 시끄럽게 떠드는 가운데 나타난다. 학생들이 그에게 집착하는 가운데 재잘거리는 모습으로 보아서 이 교수는 훌륭한 선생님이다.

학생 5	: 고마워요, 교수님.
내 쉬	: 잘 가요.
학생 6	: 좋은 하루 되세요.
내 쉬	: 잘 가요.
학생 7	: 다음에 또 만나요.
학생 8	: 고맙습니다.
내 쉬	: 숙제 잊지 마, 베이어.
킹	: 내쉬 교수님?

한 남자가 문에 서 있다. 이 사람이 토마스 킹이다. 내쉬의 미소는 점잖지만 약간 당황하는 눈치다. 한 여학생에게 돌아서서 킹을 가리킨다.

■ emerge
나타나다, 떠오르다, 생기다.

■ gaggle
패거리, 일단, 거위 떼.

■ jabber
~을 빨리〔분명하지 않게〕지껄이다, 재잘재잘 지껄이다.

NASH : Can you see him?

FEMALE STUDENT : Yeah.

NASH : You sure?

FEMALE STUDENT : Uh-huh.

NASH : Positive? He's within your vision? Okay, good.

The student laughs.

NASH : (to King) Forgive me. I'm just always suspicious of new people.

Although King is puzzled, the students seem to take it in stride. They just like this guy.

FEMALE STUDENT : See you next week, Professor.

NASH : See you next week.

Nash watches them go, smiling, paternal.

NASH : (to King) So now that I know that you're real, who are you, and what can I do for you?

King takes a beat before speaking. Then....

KING : Professor, my name is Thomas King.

NASH : Thomas King?

KING : Mm-hmm. And I'm here to tell you that you're being considered for the Nobel Prize.

내 쉬 　 : 이사람 보여?

여학생 　 : 예.

내 쉬 　 : 확실해?

여학생 　 : 네, 확실해요.

내 쉬 　 : 의문의 여지가 없다구? 그가 시야에 들어온다 구? 좋아.

학생들이 웃는다.

내 쉬 　 : (킹에게) 죄송합니다. 낯선 사람들한텐 항상 의심 이 가서요.

킹이 당황을 하지만, 학생들은 그것을 쉽게 받아들인다. 그들은 단지 이 사람이 좋은 것이다.

여학생 　 : 다음주에 만나요, 교수님.

내 쉬 　 : 다음주에 보자.

내쉬는 그들이 가는 것을 웃으며 아버지처럼 지켜본다.

내 쉬 　 : (킹에게) 자, 이제 당신이 진짜라는 걸 알았으니, 누구시죠? 뭘 도와 드릴까요?

킹은 말하기 전에 잠깐 시간을 둔다. 그리고는……

킹 　 : 교수님, 제 이름은 토마스 킹입니다.

내 쉬 　 : 토마스 킹?

킹 　 : 예. 교수님이 노벨상 후보로 거론되고 있다는 것을 말씀드리려고 왔습니다.

■ Positive
명백한, 단호한, 의문의 여지가 없는.

■ be suspicious of
~를 의심하다, 수상하게 여기다.

■ take ~ in (one's) stride
~을 수월하게 해내다, 냉철하게 뚫고 나 가다.

You're being considered for the Nobel Prize.
당신이 노벨상 후보로 거론되고 있습 니다.
  • consider
    노력하다, 숙고하다, 간주하다.

You're being considered for the Nobel Prize.

당신이 노벨상 후보로 거론되고 있습니다.

Nash is silent and calm.

143. EXT. HOLDER ARCHES. PRINCETON UNIVERSITY. SPRING
Nash and King walk.

NASH   : Forgive me, but I'm just a little stunned.

KING   : Over the past few years your equilibrium has become a cornerstone of modern economics.

NASH   : Suddenly everybody likes that one. What about my work on other some such projects... manifold embedding?

KING   : The application of your bargaining problem to FCC bandwidth auctions or to antitrust cases....

NASH   : Antitrust cases?

KING   : Yes.

NASH   : I never would have considered that.

KING   : Well.

NASH   : Have I just reached some level of honesty that borders on stupidity?

KING   : (laughs) No, no, you haven't.

NASH   : 'Cause I wouldn't have thought of that.

They walk through a familiar doorway.

144. INT. CLOAKROOM. FACULTY LOUNGE
No white-jacketed valets. In the main room, high tea is in progress. The formal dress is gone. The students are multinational, some waiters women. But the ritual is the same.

내쉬는 말이 없고 침착하다.

143. 외부. 홀더 아치. 프린스턴대학교. 봄
내쉬와 킹이 걷는다.

내 쉬 : 죄송합니다만 머리가 약간 혼란스럽군요.

킹 : 지난 몇 년간 내쉬 균형이론은 현대 경제학의 초석이 되었습니다.

내 쉬 : 갑자기 많은 사람이 제 이론을 좋아하네요. 저의 다른 이론… 다양체 삽입 이론은 어떻습니까?

킹 : 당신의 협상법을 FCC 대폭 경매나 독점금지 사례에 적용하면…….

내 쉬 : 독점금지 사례요?

킹 : 네.

내 쉬 : 저는 생각조차 못 했네요.

킹 : 그래요.

내 쉬 : 제가 지금 바보 같은 정직함을 보여 드렸나요?

킹 : (웃는다.) 아니요, 그렇지 않습니다.

내 쉬 : 그건 생각을 못 해 봤습니다.

그들은 낯익은 출입구를 통해 걷는다.

144. 내부. 외투 보관실. 직원 휴게실
흰색 상의를 입고 있지 않은 시종. 본실에는 이른 저녁에 먹는 가벼운 식사가 진행 중이다. 형식을 갖춘 의상은 사라지고 학생들은 다국적 출신이다. 일부 웨이터들은 여성이다. 하지만 의례는 똑같다.

- cornerstone
  초석, 기초, 토대.
- manifold
  집합체, 다양체, 다기관.
- application
  응용, 적용, 신청.
- bandwidth
  대폭, 띠폭, 주파수 대역폭(帶域幅).
- auction
  경매, 공매.
- antitrust
  독점 금지의, 독점을 규제하는.
- border
  거의 ~라고 말할 수 있다, 근사하다, 접경하다.
- stupidity
  어리석음, 우둔함, 어리석은 짓.
- cloakroom
  (극장·호텔의) 휴대품 보관소 (= checkroom), 의원 휴게실.
- high tea
  하이 티(오후 4~5시경에 먹는 가벼운 식사; 보통 홍차와 샌드위치).
- in progress
  진행 중.

I never would have considered that.
나라면 그것을 생각조차 하지 못했을 겁니다.
가정법 과거완료로, 과거 사실의 반대를 나타낸다.

I never would have considered that.
나라면 그것을 생각조차 하지 못했을 겁니다.

KING   : Shall we have tea?

Nash stares through the archway. When he looks back at King, his eyes are sad.

NASH   : Oh, I don't go in there. I usually just take my sandwich in the library.

There is a tragic tenderness to his expression, an acknowledgement of all that has been lost to time.

KING   : Come on, John. Let's have some tea. It's a big day.

King puts his hand on the small of John's back. Finally John steps over the threshold.

NASH   : Most... most commercially available brands of tea are not suitable to my palate..., I'm not.... There are some Northern Indian teas which are dense enough. I enjoy the flavor that they have. I have not been in this room for some many years. I wonder what tea they serve.

145. INT. FACULTY LOUNGE. MOMENTS LATER
Nash and King sit across from each other. A young girl serves them tea from a silver service.

NASH   : Why, thank you, young lady. Things have certainly changed around here. I have a son that age, Harvard.

King chuckles. Nash smells the flavor of tea.

킹   : 차, 드시는 거 어떠세요?

내쉬는 출입구를 통해 바라본다. 그가 킹에게로 시선을 돌리자 그의 눈은 슬프다.

내 쉬   : 전 거기 안 가요. 저는 그냥 보통 도서관에서
          싸 온 샌드위치를 먹곤 합니다.

그의 표정에는 비극적인 부드러움이 있다. 시간에 상실되어 온 모든 것을 인정하고 있는 것이다.

킹   : 한잔해요, 존. 같이 차를 마십시다. 굉장한 날
          이잖아요.

킹은 존의 등에 있는 보잘 것 없는 옷 위에 손을 얹는다. 마침내 존은 입구로 들어선다.

내 쉬   : 가장, 가장 상업적으로 많은 차 종류는 제 입에
          안 맞아요. 저는 안……. 진한 북부 인도 차가 있
          어요. 저는 그 향을 좋아해요. 오랫동안 여기는
          오지 않았어요. 어떤 차가 있는지 모르겠군요.

145. 내부. 교직원 휴게실. 잠시 후
내쉬와 킹이 서로 마주앉아 있다. 젊은 여자가 그들에게 은식기로부터 차를 대접한다.

내 쉬   : 아, 고마워요, 아가씨. 여기는 확실히 많이 바
          뀌었군요. 또래의 아들이 있어요. 하버드에 다
          녀요.

킹이 싱긋 웃는다. 내쉬가 차의 향기를 맡는다.

■ commercially
    상업적으로, 무역상으로, 거래상으로.

■ suitable
    적절한, 어울리는, 적임의.

■ palate
    미각, 기호, 입천장.

■ dense
    짙은, 밀도가 높은, 밀집한, 아둔한.

■ flavor
    향, 맛, 운치.

I have a son (of) that age.
    또래의 아들이 있어요.
    • age
      〈형용사의 서술적 용법으로 쓰여〉
      ~ 나이의.
    ex) a girl your age = a girl of your
        age
        네 또래의 소녀.

I have a son (of) that age.
또래의 아들이 있어요.

NASH   : Hmm. I would have thought the nominations for the Nobel Prize would have been secret. I would have thought you'd only find out if you won or lost.

KING   : That is generally the case, yes. But these are special circumstances now. The awards are substantial. They require private funding. As such, the image of the Nobel is....

He stops a beat.

NASH   : Oh, I see. You came here to find out if I was crazy? Find out if I would screw everything up if I actually won? Dance around the podium, strip naked and squawk like a chicken, things of this nature?

It's Nash's tone that puts King at ease.

KING   : (chuckling) Something like that, yes.

Nash stops, stares off. Then....

NASH   : Would I embarrass you? Yes, it is possible. You see, I... I am crazy. I take the newer medications but I still see things that are not here. I just choose not to acknowledge them. Like a diet of the mind, I choose not to indulge certain appetites. Like my appetite for patterns. Perhaps my appetite to imagine and to dream.

내 쉬 : 흠. 노벨상 후보 지명은 기밀 사항인 줄 알았습니다. 저는 수상자만 공개되는 걸로 알았는데요.

킹 : 예, 일반적으로는 그렇습니다. 그렇지만 이번은 특별한 상황이라서요. 노벨상은 상금이 상당해서 개인 기부금이 필요합니다. 그래서 노벨상 이미지가…….

그는 잠시 멈춘다.

내 쉬 : 아, 알겠어요. 제가 미쳤는지 알아보러 여기에 오신 거죠? 제가 상을 타서 노벨상의 이미지를 망쳐버릴까봐서 말이죠? 단상에서 춤을 추거나 발가벗거나 닭처럼 꽥꽥거리는 거, 이런 거죠?

킹을 안심시키는 것은 내쉬의 음조이다.

킹 : (싱긋 웃으며) 예, 그런 거죠.

내쉬는 멈춰서 시선을 돌린다. 그리고는…….

내 쉬 : 제가 황당한 말 좀 해도 될까요? 네, 그럴 수 있어요. 당신이 아시다시피, 저는… 저는 미쳤어요. 새로운 약을 먹고 있지만 아직도 환상이 보이곤 합니다. 보이는 환상을 인정 하지 않는 것 뿐이지요. 정신 다이어트처럼 특정한 욕망에 빠지지 않으려고 해요. 예를 들면, 패턴에 관한 욕망. 상상하고 꿈꾸는 욕망 같은 거죠.

- nomination
  지명, 추천, 임명.

- substantial
  실속[내용]이 있는, 실질적인, 재산이 있는, 실력이 있는.

- screw up
  큰 실수로 엉망이 되게 하다, (나사)를 바짝 죄다.

- squawk
  (물오리가) 꽥꽥거리다, 시끄럽게 불평하다, 자백하다.

- nature
  종류, 본래의 모습, 본질, 성질, 자연.

- embarrass
  당황하게 하다, 난처하게 하다, 혼란시키다.

- acknowledge
  인정하다, 승인하다, (친절·선물 등에) 사의를 표명하다.

- indulge
  (취미·욕망 따위에) 빠지다, 탐닉하다, 만족시키다.

Something like that.
그런 거죠.
- like
  〈전치사〉 ~와 같이, ~처럼.

Something like that.

그런 거죠.

PROFESSOR #5 : Professor Nash?

John looks up. An old faculty member is staring at him. He reaches into his pocket and lays his pen down in front of Nash.

PROFESSOR #5 : It's good to have you here, John.

He shakes hands with Nash.

NASH   : Thank you.

Two other faculty members rise, come to Nash and lay their pens down on the table.

PROFESSOR #6 : It's an honor, sir.

NASH   : Thank you very much.

Another faculty member comes and lays his pen down.

PROFESSOR #7 : A privilege, Professor.

And now everyone in the room is rising, coming to him, laying their pens down, one after another in a growing tribute to a lifetime of accomplishment.

PROFESSOR #8 : Professor.

PROFESSOR #9 : Nicely done, John.

NASH   : Thank you, Tom. Thank you. Thank you.

교수 5 : 내쉬 교수님?

존이 쳐다본다. 한 나이 든 교수가 그를 보고 있다. 그는 호주머니에서 펜을 꺼내 내쉬 앞에 놓는다.

교수 5 : 존, 같이 재직해서 영광입니다.

그는 내쉬와 악수한다.

내 쉬 : 감사합니다.

다른 두 명의 교수가 일어나 내쉬에게 다가와 테이블 위에 펜을 놓는다.

교수 6 : 영광입니다.
내 쉬 : 대단히 감사합니다.

또 다른 교수가 와서 펜을 내려놓는다.

교수 7 : 영광입니다, 교수님.

이제는 방안의 모든 교수가 일어나 그에게 다가와서는 일생 동안의 업적에 대해 존경을 표시하면서 한 사람씩 펜을 내려놓는다.

교수 8 : 교수님.
교수 9 : 존, 잘 해 내셨소.
내 쉬 : 고마워요, 톰. 감사합니다. 감사합니다.

■ faculty
교수진, 학부 전체.

■ privilege
특권, 은혜, (특별한) 명예.

■ tribute
감사[칭찬, 존경]의 표시[표지], (~에 대한) 찬사.

Nicely done, John.
잘 해 내셨어요, 존.
'Well done.'과 같은 표현으로 'well' 대신 'nicely'가 사용된 것이다.

Nicely done, John.

잘 해 내셨어요, 존.

A faculty sitting on a wheelchair comes to Nash and lays his pen down before Nash.

NASH   : Thank you, Ed.

King is very impressed by this and nods.

NASH   : That was certainly most unexpected.

The pen keeps coming. Nash's eyes suddenly flooding with tears for this very long journey taken so very far.

146. INT. NOBEL PRIZE CEREMONY. ROYAL SWEDISH ACADEMY

Title: NOBEL PRIZE CEREMONY STOCKHOLM, SWEDEN DECEMBER 1994

A giant hall. Full. The room explodes with applause. Nash stands at the podium. Hundreds sit watching him. But Nash just stands there. A long beat. ALICIA—CLOSE. In the audience. Starting to worry. And Hansen.

NASH   : Thank you.

Applause fades.

NASH   : I've always believed in numbers. In the equations and logics that lead to reason.

But he's not looking at the audience. He's looking only at Alicia.

휠체어를 탄 교수가 내쉬에게 다가와 그 앞에 펜을 내려놓는다.

내 쉬   : 고맙네, 에드.

킹은 이 모든 것에 의해 깊은 인상을 받고 고개를 끄덕인다.

내 쉬   : 이건 전혀 예상치 못한 일입니다.

펜은 계속 쌓인다. 내쉬의 눈은 갑자기 지금까지 그렇게 오래 걸린 이 여행으로 인해 눈물이 넘친다.

146. 내부. 노벨상 시상식. 스웨덴 왕립 아카데미

자막: 1994년 12월 스웨덴 스톡홀름 노벨상 시상식

거대한 홀이다. 사람들로 가득 차 있다. 방에는 박수 소리가 울려 펴진다. 내쉬가 단상에 서 있고 많은 사람들이 앉아서 그를 보고 있다. 하지만 내쉬는 단지 거기에 서 있다. 한 동안이 흐른다. 앨리샤에게 클로즈 업. 관객 속에 앉아 있다. 걱정하기 시작하는 그녀. 그리고 한센도 보인다.

내 쉬   : 감사합니다.

박수갈채가 사라진다.

내 쉬   : 전 항상 수를 믿어왔습니다. 추론을 끌어내는
          방정식과 논리를 믿었습니다.

하지만 그는 자기 앞에 있는 청중을 보고 있지 않다. 그는 단지 앨리사만을 보고 있다.

- logic
  논리, 논법, 이치로 따지기.

- reason
  이유, 이성, 논거.

> That was certainly most unexpected.
> 전혀 예상치 못한 일입니다.
> • unexpected
>   예기치 않은, 뜻밖의, 갑작스런.

That was certainly most unexpected.

전혀 예상치 못한 일입니다.

NASH   : But after a lifetime of such pursuits, I ask, what truly is logic? Who decides reason? My quest has taken me through the physical, the metaphysical, the delusional, and back. And I have made the most important discovery of my career. The most important discovery of my life. It is only in the mysterious equations of love that any logical reasons can be found. I'm only here tonight because of you. You are the reason I am. You are all my reasons. Thank you.

ALICIA—CLOSE. She begins clapping, choked with tears. The room explodes with applause, suddenly full again. There are Nash's son, Bender, Sol, and Hansen. Nash walks towards the audience. He reaches into his breast pocket and takes out something familiar. It's her rose embroidered handkerchief. He shows it to Alicia and tucks it in his suit pocket. Alicia puts her hands over her breast, biting back her tears.

147. INT. COCKTAIL RECEPTION. ROYAL SWEDISH ACADEMY
Nash's son walks over to Nash carrying his coat.

NASH   : (to a couple) So nice to have met you.

The son hands Father's coat to him.

SON   : I'll call for the car, Dad.

Alicia walks down the stairs.

내 쉬 : 하지만 평생 연구한 뒤에 의문을 갖게 되었습니다. 무엇이 진정한 논리인가? 누가 이성을 결정하는 것인가? 제 탐구는 저를 물리적 세계, 형이상학적 세계, 환상에 빠지게 했다가 돌아오게 했습니다. 그리고 제 경력에서 가장 중요한 것을 발견했습니다. 그건 제 인생에서 가장 소중한 발견입니다. 어떤 논리적 이성으로도 풀 수 없는 사랑의 신비한 방정식 말입니다. 당신 덕분에 난 오늘밤 이 자리에 섰어요. 당신은 내가 존재하는 이유이며 내 모든 존재의 이유예요. 감사합니다.

앨리샤에게 클로즈 업. 그녀는 박수를 치기 시작한다. 눈물에 목에 메인다. 방안에는 갑자기 박수갈채가 터지면서 다시 방안을 가득 채운다. 그 사람들 속에는 내쉬의 아들, 벤더, 솔 그리고 한센도 있다. 내쉬가 청중 앞으로 걸어나온다. 그는 자신의 상의 가슴 주머니에서 낯익은 뭔가를 꺼낸다. 그것은 앨리샤가 장미를 놓은 손수건이다. 그는 그것을 앨리샤에게 보이며 다시 자신의 상의 주머니에 넣는다. 앨리샤는 자신의 가슴 위에 손을 갖다댄다. 흐르는 눈물을 억제하면서 말이다.

147. 내부. 칵테일 리셉션. 스웨덴 왕립 아카데미
내쉬의 아들이 아버지의 코트를 갖고 내쉬에게 다가간다.

내 쉬 : (부부에게) 만나서 반가웠습니다.

아들은 아버지의 코트를 그에게 건넨다.

아 들 : 차 부를 게요, 아버지.

앨리샤가 층계를 내려온다.

- **lifetime**
  평생, 수명, 존재 기간.

- **pursuit**
  추구, 추적, 연구.

- **physical**
  물리적, 육체적, 자연의.

- **metaphysical**
  형이상학적, 추상적인, 공상적인.

- **delusional**
  환상적인, 망상적인.

- **explode**
  폭발하다, (감정이) 격발하다, (인구 등이) 급격히 불어나다.

- **applause**
  박수갈채, 칭찬.

- **call for**
  ~를 불러오다, 데리러 가다, 요구하다.

Nice to have met you.
만나서 반가웠습니다.
'Nice to meet you.'의 현재완료 시제.

Nice to have met you.
만나서 반가웠습니다.

ALICIA   : Bye bye.

WOMAN #3   : Bye bye.

Alicia comes to Nash.

ALICIA   : Are you ready to go now?

NASH   : Oh, yes, I am. Yes, indeed and yes, please.

He helps her on with her wrap.

ALICIA   : Thank you so much. Thank you.

That's when he sees them, standing by the door. Three familiar figures. Charles, Marcee and Parcher.

ALICIA   : What is it? What's wrong?

He turns to his wife. His smile is long in coming, but when it comes, it melts the worry on his face along with our hearts. Nash takes Alicia's hand.

NASH   : Nothing. Nothing at all.

He kisses her on the cheek.

NASH   : Come with me, young lady.

ALICIA   : Oh-o.

He turns his back on Charles, Marcee and Parcher.

앨리샤   : 안녕히 가세요.
여자 3   : 안녕히 가세요.

앨리샤가 내쉬에게 다가온다.

앨리샤   : 이제 갈까요?
내 쉬   : 응, 가지. 그럼, 가야지.

내쉬는 아내가 숄을 입는 것을 도와준다.

앨리샤   : 정말 고마워요. 고마워요.

그때 내쉬는 문 앞에 서 있는 그들을 본다. 세 사람의 낯익은 인물들. 찰스, 마시, 파처이다.

앨리샤   : 뭐예요? 뭐가 잘못 됐나요?

내쉬는 아내에게 돌아선다. 그의 미소는 한참 있다가 나타나지만 그 미소는 자신의 얼굴은 물론 다른 사람의 마음에서도 근심을 녹이는 웃음이다. 내쉬는 앨리샤의 손을 잡는다.

내 쉬   : 아니오. 아무것도 아니오.

그는 그녀의 볼에 키스한다.

내 쉬   : 같이 가요, 사랑스런 부인!
앨리샤   : 오.

그는 찰스, 마시 그리고 파처에게 등을 돌린다.

■ indeed
  참으로, 정말로, 실로.

■ turn one's back on
  ~에 등을 돌리다, ~를 버리다.

He kisses her on the cheek.
  그는 그녀의 볼에 키스한다.
  'hit, strike, kiss'와 같은 동사 뒤에 신체 부위를 지칭하는 명사가 오는 경우 전치사 'on'을 사용한다.

He kisses her on the cheek.

그는 그녀의 볼에 키스한다.

NASH   : I have a car outside. Are you interested in a ride?

ALICIA   : Where's it going to?

Man and wife head away together, outside, into the light.

Title: Nash's theories have influenced global trade negotiations, national labor relations, and even breakthroughs in evolutionary biology. John and Alicia Nash live in Princeton, New Jersey. John keeps regular office hours in the Mathematics Department. He still walks to campus every day.

내 쉬   : 밖에 차가 있는데. 타시겠어요?

앨리샤   : 어디로 가는 거죠?

남편과 아내는 함께 밖으로, 빛 속으로 향한다.

자막: 내쉬 이론은 국제 무역 협상과 국제 노동문제 해결에는 물론 진화 생물학에도 기여했다. 존과 앨리샤 부부는 뉴저지주 프린스턴에 살고 있다. 존은 수학과에 출강 중이며 여전히 매일 걸어서 출근한다.

■ Are you interested in a ride?
  타시겠어요?
  • be interested in
    ~에 흥미를 지니고 있다.
  • ride
    타기, 타고 가기.

■ breakthrough
  획기적인 발전〔진전〕, 성공, 타결.

■ keep office hours
  집무〔근무〕시간을 지키다.

A Nobel Prize

노벨상

　　1994년 어느 날 존 내쉬가 수업을 마치고 강의실 밖에 서 있는데 토마스 킹이 찾아온다. 노벨상을 수상하기 전에, 내쉬의 '정신병 이력'이 어떤지를 알아보기 위해 그를 만나러 온 것이다. 토마스 킹과 존 내쉬는 교수 클럽에 가서 차를 마시는데, 다른 교수들이 각자의 만년필을 내쉬 앞에 놓고 간다. 위대한 업적을 이룬 학자에게 자신들이 사용하던 만년필을 주던 고귀한 전통에 의한 것이다. 혼돈과 현실의 세계를 왔다갔다하는 지긋지긋한 투병 끝에 동료 교수들로부터 존경심의 표시로 만년필을 선사 받게 되는 참으로 감동적인 장면이다.

　　결국 1994년 12월 존 내쉬는 노벨 경제학상을 받는다. 시상식에서 내쉬는 자신의 공로를 헌신적인 아내에게 돌리는 다음과 같은 말을 한다. "감사합니다. 전 항상 수를 믿어왔습니다. 추론을 끌어내는 방정식과 논리를 믿었습니다. 하지만 평생 연구한 뒤에 저는 의문을 갖게 되었습니다. 무엇이 진정한 논리인가? 누가 이성을 결정하는 것인가? 제 탐구는 저를 물리학적 세계, 형이상학적 세계, 환상 세계에 빠졌다가 이렇게 돌아오게 했습니다. 그리고 제 경력에서 가장 중요한 것을 발견했습니다. 그건 제 인생에서 가장 소중한 발견입니다. 어떤 논리

적 이성으로도 풀 수 없는 사랑의 신비한 방정식 말입니다. 당신 덕분에 난 이 자리에 섰어요. 당신은 내가 존재하는 이유이며 내 모든 존재의 이유예요. 감사합니다."

　세상만사를 논리로 풀어가는 내쉬가 모든 역경을 딛고 노벨상을 받기까지의 공로를, 편협한 남편을 애정으로 감싸안은 헌신적인 아내에게 돌렸고, 그 순간에도 환영들은 내쉬를 지켜보고 있었다. 내쉬는 환영을 무시하며 시상식을 떠나지만, 아마도 환영은 내쉬가 죽을 때까지 사라지지 않을 것이다. 존 내쉬 자신 속에 억눌려 있던 사교적 욕망(찰스 허만)이나 정치적 취향(윌리엄 파처)이 환영으로 나타난 것인지도 모르기 때문이다.

내쉬 균형 Nash Equilibrium

체스나 포커 게임에 적용되는 전략을 기초로 해서, 경쟁관계에 있는 개인, 기업, 또는 조직들이 동시에 결정을 내려야 하는 경우에 대한 분석이다.

참여자가 어떤 특정한 전략을 선택해서 하나의 결론에 도달했을 때, 모든 참여자가 이에 만족하고 자신의 선택이 최선이라고 여기며 더 이상 전략을 변화시킬 의도가 없는 경우를 '내쉬 균형'에 도달했다고 한다. 내쉬 균형은 참여자 각자가 최적 전략을 구사하며 각자의 이익을 추구하는 결과로서 유일할 수도 있고, 다양한 경우도 있다. 내쉬 균형에 도달했는지를 확인하기 위해서는, 그 어느 참여자든지 본인의 전략을 바꿔도 일방적 이익을 볼 수 없다는 것을 확인하면 된다.

예1〉 두 명의 죄수 딜레마

경우의 수 1: 한 사람만 자백하면 그 사람은 면죄부를 받지만, 상대방은 혹독한 가
　　　　　 중처벌을 받는다.

경우의 수 2: 두 사람 모두 자백하면 똑같이 죄에 상응한 처벌을 받는다.

경우의 수 3: 두 사람 모두 자백하지 않으면 증거가 없어 둘 다 사면을 받는다.

▶내쉬 균형: 두 사람 중 한 사람은 침묵하는데 한 사람이 자백하면 자백하지 않은
　　　　　　 사람이 엄한 가중처벌을 받게 되므로 개인적인 차원에서는 '경우의
　　　　　　 수 2'가 최선의 선택이 된다.

예2〉 장난감 체인점 A와 B

경우의 수 1: A 체인점이 저가 전략이고 B 체인점이 고가 전략인 경우, A 체인점
　　　　　 이 시장을 석권한다.

경우의 수 2: A와 B 체인점 모두 저가 전략인 경우에는 두 체인점 모두 수입이 저
　　　　　 하한다.

경우의 수 3: A와 B 체인점 모두 고가 전략을 택하고 제3의 체인점이 저가 전략을
　　　　　 택하면, A와 B 체인점은 그 차액만큼 소비자에게 환불해야 한다.

▶내쉬 균형: '경우의 수 3'의 환불 전략을 택하는 것이 고가 전략으로 인한 더 많
　　　　　　 은 수입을 올릴 수 있어서 최선의 방법이 된다.

알베르트 아인슈타인 Albert Einstein (1879~1955)

미국 이론물리학자로 원래 독일 울름에서 출생하여, 광양자설(光量子說), 브라운운동의 이론, 특수상대성이론을 연구하였다. 1905년에 발표한 특수상대성이론은 그 당시 지배적이었던 갈릴레이나 뉴턴의 역학을 완전히 바꾸어 놓았고, 시간 · 공간 개념을 근본적으로 변혁시켰고, 특히 질량과 에너지의 등가성(等價性)의 발견은 최초의 원자폭탄의 제조를 가능하게 했다. 광전효과 연구와 이론물리학에 기여한 업적으로 1921년에 노벨물리학상을 받았다. 독일에서 히틀러가 정권을 잡고 유대인 추방이 시작되자, 미국으로 망명했다. 제2차 세계대전 중 독일이 원자폭탄 연구에 몰두하자, 원자폭탄 연구 필요성을 루스벨트 대통령에게 알려서 미국의 원자폭탄 연구가 시작되는 기초를 닦았다.

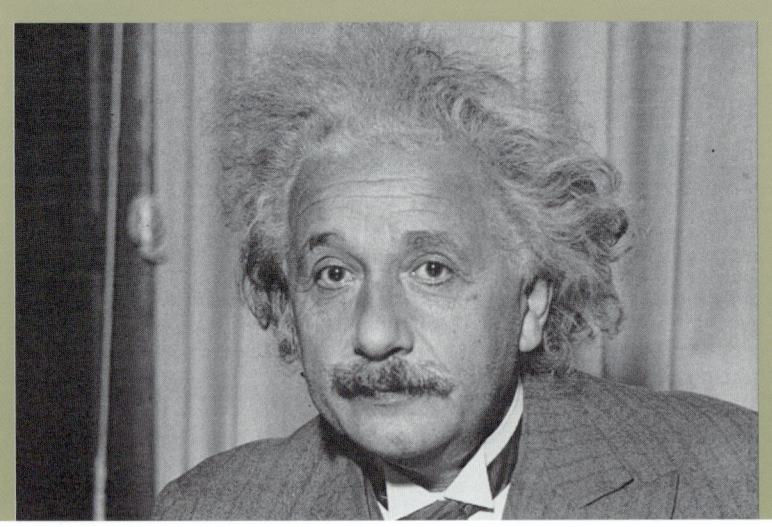

1879년　독일의 울름 출생.

1901년　스위스 국적 취득.

1903년　밀레바 마리치와 결혼.

1905년　특수상대성이론, 광양자설, 브라운운동의 이론 발표.

　　　　'기적의 해' 라고 불릴 만큼 3개의 논문의 중요성을 인정 받음.

1916년　일반상대성이론 발표.

1919년　첫 부인과 이혼 후 사촌 엘자와 재혼.

　　　　일반상대성이론 중 '빛이 휘는 현상'이 일식 관측에 의해 검증되면서

　　　　아인슈타인과 상대성이론이 부각됨.

1921년　노벨 물리학상 수상.

1933년　독일 나치스를 피해 프린스턴 대학교의 교수로 미국 망명.

1945년　세계 최초로 미국의 원자폭탄 실험 성공.

1946년　'원자 과학자 협회'의 회장으로 평화 운동.

1955년　미국 프린스턴에서 사망.

특수상대성이론 Special Theory of Relativity

아인슈타인에 의해 1905년에 발표된 이론으로, 그 당시 지배적이었던 뉴턴 역학과는 사뭇 다른 우주관을 제시한다. 이 이론은 공간과 시간이 상호 독립적이지 않고, 4차원의 시공(時空, space-time) 속에서의 운동에 관한 물리학이다.

또 하나는, 광속도 불변의 원리이다. "빛의 속도는 빛을 발하는 물체의 속도에 의하지 않으며, 빛을 관측하는 쪽의 속도에도 의존하지 않는다."는 것이다. 이 이론에 의하면, 질량, 거리, 시간 등은 결코 절대적인 물리량이 아니다. 이 이론에서의 질량을 에너지로 바꿀 수 있다는 질량과 에너지의 관계식 $E=mc^2$은 원자탄 개발의 기본 원리가 되었다.

일반상대성이론 General Theory of Relativity

아인슈타인에 의하여 1915년에 특수상대성이론에 중력 효과가 포함되어 정립된 이론이다. 이 이론을 위한 수학 모델로서 리만 기하학을 이용한다. 일반상대성이론의 가장 중요한 성과는, 물질의 존재는 그 주위의 공간이나 시간에 변형을 주어 그 변형이 만유인력의 장(場, field)을 형성한다는 내용이다. 특히, 중력을 뉴턴 이론과는 다르게 설명한다. 이 이론에 근거하여 블랙홀의 존재를 비롯하여 여러 가지 주목할 만한 예언을 할 수 있다.

리만 Riemann, Georg Friedrich Bernhard (1826~1866)

독일의 수학자로 기하학과 함수론에 많은 영향을 미쳤고, 후에 아인슈타인과 그밖의 사람들에 의해 리만의 공간과 기하학의 폭넓은 개념이 일반상대성이론의 수학적 이론이 되었다. 다방면에 공헌하였는데, 그중에서 소위 리만 제타함수와 리만 가설이 유명하다. 후자는 정수론에서의 페르마의 '마지막 정리'와 비교되는 고전적 해석학에서의 유명한 미해결 추측이다.

리만은 목사의 아들로 태어났지만 괴팅겐 대학과 베를린 대학에서 가우스와 디리클레와 같은 수학자한테서 훌륭한 교육을 받았다. 1857년에 괴팅겐 대학교의 조교수로 임명되고, 1859년 한때 가우스가 차지했던 디리클레의 교수직을 승계하여 정교수가 되었다. 말년에는 이론 물리학에도 많은 관심을 기울였고, 40세의 젊은 나이에 건강을 회복하기 위하여 찾아간 북부 이탈리아에서 폐결핵으로 죽었다.

국제수학연맹 International Mathematical Union

국제적인 수학교류와 협력을 도모하기 위하여 1951년에 조직되었다. 현재 60여 국가가 참여하고 있다. 국제수학자회의를 비롯한 여러 수학 관련 활동을 주최 또는 후원하고 있다.

국제수학연맹이 주관하는, 국제적으로 가장 큰 규모의 국제수학자회의(International Congress of Mathematicians, ICM)가 4년마다 열린다. 이 회의에서 필즈상(Fields Medal, Fields Prize)이 수여된다.

필즈상 Fields Medal

캐나다 토론토대학 교수 J.C.필즈(Fields, 1863~1932)가 수학부문에 노벨상 같은 권위 있는 상이 없음을 안타까워하며, 유언으로 자신의 전 재산을 이 상의 기금으로 희사하여 창설된 수학상이다.

훌륭한 업적을 세워 세계 수학계에 지대한 공헌을 한 40세 미만의 젊은 수학자들에게 국제수학연맹이 4년에 한 번씩 수여하므로, 노벨상보다 더 가치가 있다고 볼 수 있다. 국제수학자회의가 장소를 변경해가며 4년마다 개최되며, 개최되기 수년 전에 필즈상 심사위원회가 구성되어 엄정한 심사를 거쳐 수상자가 선정된다. 수상자를 40세 미

만으로 제한하는 이유는, 대부분의 뛰어난 수학적 업적은 40세 이전에 이루어진다고 믿어지기 때문이다. 1936년부터 1994년까지 42명의 필즈상 수상자가 있는데, 미국 12명, 프랑스 8명, 영국 6명, 러시아 5명, 일본 3명, 노르웨이, 뉴질랜드, 독일, 벨기에, 스웨덴, 이탈리아, 중국, 핀란드가 각각 1명으로 되어 있다. 1998년에 국제수학연맹이 독일 베를린에서 개최되었는데, 이 자리에서 페르마 정리를 증명한 유명한 와일즈 교수가 40세가 넘는 바람에 특별상을 수상했다.

She never gets old. Marcee can't be real. She never gets old.

You want to know what's real?

This.

This.

This. This is real.
Maybe the part
that knows the waking
from the dream,
maybe it isn't here.

Maybe it's here.
I need to believe
that something extraordinary
is possible.

Charles,
you've been a very good friend to me.
The best.
But I won't talk to you again. I just can't.

Same goes for you, baby girl.

I'm only here tonight because of you.
You are the reason I am.
You are all my reasons.
Thank you.